中国数字经济宏观影响力评估

A Study on the Estimation of the Influence of Digital Economy on Chinese Macro-economy

蒋媛媛 / 主编

上海社会科学院出版社

编委会成员

蒋媛媛 上海社会科学院应用经济研究所副研究员、产业经济研究室副主任、硕导

李晓华 中国社会科学院工业经济研究所研究员、产业布局研究室主任、硕导

陈 志 中国科学技术发展战略研究院研究员、产业科技发展研究所副所长

冯立果 中国企业联合会副研究员、中国社会科学院经济研究所博士后

杨 帅 中国信息通信研究院政策与经济研究所政策研究部副主任

朱焕焕 中国科学技术发展战略研究院产业科技发展研究所助理研究员

底 晶 上海社会科学院应用经济研究所博士生

黄 敏 上海社会科学院应用经济研究所硕士生

引 言

1995年塔斯考特(Tapscott)首次提出"数字经济"概念,1997年日本通产省开始使用"数字经济"一词,1998年美国商务部发布《浮现中的数字经济》报告,此后,各国开始关注数字经济这一新经济领域。进入21世纪,尤其在2008年国际金融危机后,世界主要发达国家陆续推出数字经济战略,希望通过发展数字经济促进经济复苏。

近年来,数字经济发展一枝独秀,成为驱动全球经济增长的新引擎。一方面,数字经济规模大幅扩张,占各国GDP比重快速提升。2015年,美国、德国、日本三国数字经济总量分别达到10.21万亿美元、1.92万亿美元和1.96万亿美元;美国、德国、韩国三国数字经济占本国GDP比重均已超过50%,英国和日本也超过40%。另一方面,则突出表现在数字经济增速加快。2008年金融危机以来,美国数字经济年均增长3.13%,是其同期GDP年均增速的2.34倍;日本、英国同期则分别达到10.25倍和4.05倍。

不同于上一轮信息技术革命以通信设备制造、电子信息产业等数字经济基础产业为发端,在此轮信息技术革命推动下,新型网络基础设施加速布局,物理信息系统逐渐普及,传统物理设施的数字化改造步伐加快,数字经济内涵和特征已经发生了深刻变化,从数字经济1.0版演进到数字经济2.0版。在技术支持上,移动互联网、大数据、云计算、物联网、人工智能(AI)、虚拟现实(VR)、识别技术等新一代信息通信技术进步层出不穷。在应用端,产业互联网蓬勃发展,智能制造、供应链管理、柔性定制服务风生水起;消费互联网、商业互联网中的移动电商、移动社交、LBS、O2O、自媒体、分享经济、众包等新业态及新模式不断涌现。从全球范围来看,数字经济和实体经济深度融合的趋势越来越明显,线上线下有机互动、融合发展将成为引领全球经济发展的新势力。

因此,笔者倾向于将数字经济看作是以数字化信息和知识为关键生产要素,以现代信息网络为依托,通过新一代信息通信技术发展及其广泛渗透融合,形成以新一代电子信息制造、智能制造装备、信息服务,以及数字化、网络化、智能化传统产业为主要内容和形态的新型经济。数学经济通过有效利用信息通信技术一跃而成为提升效率和优化经济结构的重要动力,在优化资源配置效率、提升劳动生产率、迭代创新、优化经济结构、创造就业、促进绿色与包容发展等方面显示出无可比拟的优越性。

继2016年G20集团峰会在中国的倡议下签署《二十国集团数字经济发展与合作倡议》后,2017年的《政府工作报告》提出,"推动'互联网+'深入发展、促进数字经济加快成长,让企业广泛受益、群众普遍受惠"。这是中国官方首次使用数字经济概念,并将其视为未来一段时期推动中国经济保持稳定增长的新动力来源。党的十九大报告进一步提出,"推动互联网、大数据、人工智能和实体经济深度融合",加快建设网络强国、数字中国和智慧社会,数字经济的发展被提到了前所未有的高度。

近年来,凭借庞大的用户规模和消费市场优势,通过加速商业模式、业态创新,发展不到30年仍处于安装期的中国数字经济发展迅速,不仅在规模上跻身世界第二,仅次于美国,对中国经济社会整体发展的带动作用亦十分显著。据课题组测算,2016年,中国数字经济核心部分总产值达到27.53万亿元,是"十二五"初的2.38倍;数字经济核心部分实现增加值[①]9.95万亿元,占GDP比重为13.37%,较2011年提高5.50个百分点;2017年,中国数字经济核心部分总产值有望突破30万亿元,达到32.25万亿元规模,实现增加值11.89万亿元,占GDP比重提高至14.94%;2020年,"云网端"新基础设施布局基本完成,数字经济核心部分总产值规模超过50万亿元,增加值提高至20万亿元,约占当年GDP的20.90%;2025年,工业互联网布局完善、智能制造设备制造和应用普及,数字经济和制造业深度融合条件完备,数字经济核心部分产值规模突破100万亿元,增加值较"十三五"时期翻一番,GDP占比超过30%;2030年,人工智能发展成熟,数字经济核心部分产值规模有望接近200万亿元大关,数字经济核心部分增加值规模将超过工业经济,届时,数字经济将实现与经济社会环境各个领域的全面融合,中国进入数字社会,数字经济核心部分占GDP比重将超过40%。

当前,"数字革命"对全球发展的影响仍处于初级阶段,随着数字技术的进步、融合与渗透,数字经济将持久成为全球经济发展的

[①] 考虑到制造业和服务业在规模统计口径上的差异,我们通过以往产业数据,估算了数字经济领域细分行业的增加值率,推算出增加值。

引擎。中国数字经济仍处于安装期,发展仍面临诸多挑战,我国应及早作好准备,在未来一段时间,继续创造"数字红利",成为全球数字经济的领军者,加快建立健全适应数字经济发展的制度环境,促进数字经济持续健康发展。

构筑数字经济发展宏观战略,以创新驱动、包容审慎为基本原则,从"强根基、构体系、促应用、育企业、建生态、善服务、优治理"七个方面着手,利用数字经济培育增长新动能、推进产业结构调整,不断延续中国经济奇迹。

加强更具鼓励性、开放性、包容性的数字经济治理体系建设,激活蕴藏在各类市场竞争主体内部的庞大能动性、创新力和创造力,让劳动、知识、技术、管理、资本的活力竞相迸发,让创造社会财富的源泉在数字经济领域充分涌流,让数字经济成为一道驱动中国经济转型升级的亮丽风景线。

目 录

引言 ………………………………………………………… 001

第一章 数字经济的国内外发展趋势 ………………………… 001
第一节 全球数字经济发展态势 ……………………………… 001
一、数字经济领域新技术、新业态层出不穷 ………… 001
二、数字经济向经济社会各个领域全面渗透 ………… 003
三、数字经济正成为全球经济增长的新动能 ………… 004
四、数字经济深刻影响经济全球化进程 ……………… 005
五、各国加快数字经济领域战略布局 ………………… 006
第二节 中国数字经济发展的政策环境 …………………… 010
一、聚焦关键技术突破 ………………………………… 011
二、促进数字技术与经济社会融合发展 ……………… 011
三、大力推进电子政务建设 …………………………… 012
四、加强网络安全治理 ………………………………… 014
五、加快我国数字经济监管制度和产业政策
　　创新步伐 ……………………………………………… 019
六、建立数字经济形势下适宜的税收政策和
　　征管模式 ……………………………………………… 019

第三节 中国数字经济的发展态势与特征 …………… 022
一、尚处于安装期的数字经济 ………………………… 022
二、由落后追赶实现部分领先 ………………………… 024
三、成为新常态下中国经济的亮点 …………………… 024
四、基于互联网的创新创业风生水起 ………………… 025
五、新产品、新服务、新市场不断涌现 ………………… 026
六、核心技术仍受制于人,成数字经济主攻方向 …… 027
七、网民大国红利显现,激发中国数字经济巨大潜能
………………………………………………………… 028
八、商业基础设施建设滞后,制约数字经济健康发展
………………………………………………………… 029

第四节 全球数字经济国际竞争力比较 …………………… 029
一、全球数字经济发展概述 …………………………… 029
二、中国数字经济的国际地位 ………………………… 030
三、加速释放中国数字经济潜力 ……………………… 034

第五节 面向未来:中国数字经济发展全景展望 ………… 035
一、全面融入中国经济社会发展 ……………………… 035
二、实现"弯道超车",从世界互联网大国成长为世界
互联网强国 ………………………………………… 035
三、掌握数字经济产业标准和数字贸易规则话语权
………………………………………………………… 036
四、成为全球数字经济创新的重要发源地 …………… 037
五、引领全球数字消费新趋势 ………………………… 038

第二章　数字经济对中国经济社会发展的影响 …………… 040

第一节　数字经济发展对于中国经济社会发展的意义 … 040

一、数字经济促进经济发展 ………………………… 041

二、数字经济加速创新步伐 ………………………… 041

三、数字经济促进产业转型 ………………………… 042

四、数字经济扩大消费规模 ………………………… 042

五、数字经济推动普惠发展 ………………………… 043

六、数字经济带动就业增长 ………………………… 043

七、数字经济助力精准扶贫 ………………………… 043

第二节　数字经济促进中国经济社会环境发展的
宏观效应 ……………………………………… 044

一、经济效应 ………………………………………… 044

二、创新效应 ………………………………………… 069

三、社会效应 ………………………………………… 075

四、环境效应 ………………………………………… 085

第三章　中国数字经济发展的机遇和挑战 ………………… 087

第一节　中国数字经济发展面临的机遇 ………………… 087

一、新一轮工业革命带来经济主导权交替 ………… 087

二、双创蓬勃发展加速商业模式业态创新 ………… 088

三、庞大人口规模和扩大消费的市场优势 ………… 090

四、发达的电子商务引领制造业的数字化 ………… 091

五、丰富的应用场景支撑制造业的数字化 ………… 093

第二节　中国数字经济发展面临的挑战 …… 094
一、数字经济技术与发达国家相比存在差距 …… 094
二、企业缺乏数字经济意识 …… 095
三、数字经济人才供给不足 …… 096
四、基础设施发展总体滞后 …… 096
五、顶层制度设计亟待完善 …… 097
六、社会公众的误解和质疑 …… 098

第四章　中国数字经济的宏观战略 …… 101
第一节　中国数字经济发展战略构想 …… 101
一、夯实发展基础，消弭数字鸿沟 …… 101
二、构筑泛在融合的技术体系，强健数字创新筋骨 …… 102
三、加快产业数字化变革进程，增强数字经济丰厚度 …… 103
四、丰富生态系统，以竞争释放创业创富潜能 …… 103
五、培育一批在数字经济方面具有全球竞争力的企业 …… 104
六、大力扶持小微企业和创业者 …… 104
七、借助于云计算提升政府治理能力 …… 105
八、建立包容审慎的政府监管体系 …… 106

第二节　中国数字经济的治理原则 …… 107
一、市场决定，政府促进 …… 107

二、激励相容，主体公平 …………………………… 108

三、开放包容，促进创新 …………………………… 109

四、数据安全，福利极大 …………………………… 110

参考文献 ……………………………………………… 111

后记 …………………………………………………… 115

第一章　数字经济的国内外发展趋势

第一节　全球数字经济发展态势

人类社会的发展史，就是一部技术进步史和劳动力解放史。20世纪八九十年代，以计算机技术的发展和广泛使用为突破，全球逐渐进入了数字经济时代，经过数十年的发展取得了丰硕成果。近年来，基于数字技术、以互联网平台为重要载体的数字经济发展标志着数字经济进入 2.0 时代。数据作为一种新的生产要素，与经济社会全面融合，为经济增长注入新活力，改变了传统的生产、消费等模式，催生了新技术、新业态和新模式，加速了全球化进程和经济格局变迁。

一、数字经济领域新技术、新业态层出不穷

数字革命正在改变世界的面貌，移动互联网、云计算、人工智能

等新技术的不断涌现为数字经济的发展提供了技术条件和产业基础,数字技术的渗透应用产生了新产品、新业态和新模式,是数字经济的重要表现形式。

当前,互联网已经进入后移动时代。移动互联网成为互联网产业发展的主要基础设施。据 Zenith Media 的研究,2016 年移动互联网流量占互联网流量的比例为 68%,移动消费支出达到 710 亿美元,占互联网消费的 60%。这标志着移动互联网时代的全面到来,互联网发展进入后移动时代。[①]

巨头企业主导云计算发展。当前,亚马逊、微软、阿里巴巴和谷歌四大厂商主导了全球云计算市场。整体来说,我国云计算市场规模相对还比较小,发展势头迅猛。其中,阿里云处于领先地位,其他科技企业也纷纷开始调整业务布局,拥抱云计算。IDC 市场调研数据显示,2016 年,阿里云在中国 IaaS 市场的份额已达到 40.67%,超过第 2—10 位市场追随者的规模总和,表现出在中国市场的绝对领导力。

人工智能进入黄金发展时期。1956 年,麦卡锡等人首次提出"人工智能"概念,60 多年间,人工智能的发展起起伏伏。2016 年 3 月,谷歌 AlphaGo 战胜韩国围棋九段李世石,震惊世界,科技巨头们加快战略布局脚步。Alphabet、IBM、Facebook、亚马逊和微软 5 家美国科技巨头宣布组成人工智能伙伴关系,随后苹果公司也加入。在我国,BAT 等纷纷布局人工智能。如阿里巴巴为将人工

---

① http://www.p5w.net/news/cjxw/201612/t20161230_1682519.htm.

智能运用到淘宝天猫、菜鸟网络、蚂蚁金服等销售服务业务体系。2017年3月,阿里巴巴推出"NASA"计划,着重发力机器学习、芯片、IoT、操作系统和生物识别。腾讯近年来也成立了人工智能实验室,聚焦自然语言处理、语音识别、机器学习、计算机视觉等领域。

区块链促进价值全球流动。和基于单一信用背书实体的传统信任机制不同,区块链技术创建了一种基于公认算法的新型信任机制。由于算法的客观性,即使网络中存在恶意节点,也能保证达成共识,实现业务的正确处理,这一显著价值可使多个行业领域受益。

此外,伴随人工智能技术在多领域的深入渗透,衍生了许多新产业和新业态。移动购物、手机支付、网络信贷、网约车、共享单车、数字医疗、数字教育等已经成为生活的重要组成部分,改变了人类传统的生产和消费模式。特别是移动支付业务发展迅速,在大城市甚至是一些小地方,支付宝、微信支付等移动支付方式已经被广泛接受,人们出门可以不带现金和银行卡,无现金社会正在加速到来。

一、数字经济向经济社会各个领域全面渗透

数字经济正变得无孔不入,不仅改变着人类生产生活的形态、组织和方式,也对社会管理、生态环境产生影响。信息和知识成为关键生产要素,对经济增长发挥重要作用。而移动互联网、大数据、云计算、物联网、人工智能(AI)、虚拟现实(VR)、识别技术等新一代信息通信技术进步层出不穷,互联网平台兴起,为新一代信息通

信技术作为使能广泛运用创造了良好条件。一方面,数字化过程是传统产业转型升级的过程,呈现出"逆向"互联网化的特点。在企业价值链层面上,表现为一个个环节的互联网化:从消费者在线到广告营销、零售,到批发和分销,再到生产制造,一直追溯到上游的原材料和生产装备;从产业层面看,表现为一个个产业的互联网化:从广告传媒业、零售业,到批发市场,再到生产制造和原材料。在这一过程中,还衍生出移动电商、移动社交、LBS、O2O、自媒体、众包等新业态。另一方面,数字技术的普及和应用也在很大程度上改变着人们的消费、就业、社交、娱乐、健身方式,信息和数字消费比重日趋提高,智慧医疗、数字教育、数字政务、"免费"经济、共享经济等为人们带来了越来越多的生活便利,同时人们就业创业方式也趋于灵活多样。

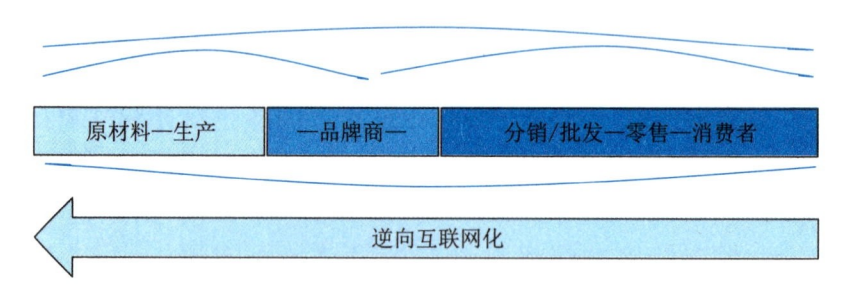

图 1-1 产业互联网化的"逆向"过程

三、数字经济正成为全球经济增长的新动能

当前,世界经济正在深度调整中曲折复苏,正处于新旧增长动能转换的关键时期。为促进生产要素升级、分工结构优化、保持生

产率持续提升,把握信息技术革命带来的难得机遇,大力发展数字经济成为当前全球经济增长的新动能和新引擎。一方面,数字经济规模大幅扩张,占各国 GDP 比重快速提升。2015 年,美国、德国、韩国三国数字经济总量分别达到 10.21 万亿美元、1.92 万亿美元和 1.96 万亿美元,占本国 GDP 比重均已超过 50%,英国和日本也超过 40%。据预测,到 2020 年,数字技能和技术的应用将使全球经济规模累计增加 2 万亿美元;到 2025 年,数字经济将贡献全球经济的半壁江山。另一方面,数字经济增速显著。金融危机以来,美国数字经济年均增长 3.13%,增速是其同期 GDP 的 2.34 倍;日本、英国同期更是高达 10.25 倍和 4.05 倍。据华为发布的《2016 全球联接指数》报告显示,数字经济正以每年 10% 的增速发展,是全球经济增速的 3 倍以上。

四、数字经济深刻影响经济全球化进程

数字经济营造了更加协同、灵活、包容、开放的市场环境,推动人类跨入更深层次的经济全球化时代。数字网络的发展使得全球化不再局限于商品和生产要素的跨国界流动,而是从时空角度改变世界市场和国际分工格局。数字经济拓展了贸易空间,缩短了贸易的距离和时间,全球贸易规模远远超越了以往任何一个时期。凭借数字网络技术的支持,全球化的主要推动者——跨国公司内部管理成本大幅降低,显著提高了跨国公司全球布局的效率和灵活性。同时,数字贸易也让更多的中小企业通过利用互联网技术和跨境电商平台,接触和迅速联系更多的供应商和客户,成为经济全球化的参

与者和佼佼者。此外,数字经济还推动着原来以货物贸易主导的全球化逐渐转变为以服务贸易主导,IT专利技术、核心电子部件贸易频繁。

五、各国加快数字经济领域战略布局

数字经济是新一轮产业革命的核心,孕育着巨大潜力,将会给所有行业带来巨大收益,是未来全球经济发展大势。近年来,面对大数据、人工智能、云计算、物联网、移动互联网等技术的迅速崛起,数字化已经成为世界各主要国家和地区经济社会转型的重要方向,世界各国纷纷着手制定数字经济战略框架,期望通过扫除政策障碍,建立相关技术优势,充分发挥数字经济潜能,实现经济可持续增长,巩固和提高其国际竞争力。如英国着手实施"数字转型计划",印度推出了"数字印度"计划,等等。

表1-1 各国数字经济战略布局情况

国家(地区)	政策名称	政策内容
美国	"国家信息基础设施"建设计划(1993)	提出了"信息高速公路"的概念,要求在全美建成一个由通信网、计算机、信息资源、用户信息设备与人构成的互联互通、无所不在的信息网络
	数字地球(1998)	核心思想是用数字化手段来处理整个地球的自然和社会活动诸方面问题,最大限度地利用资源,并使普通百姓能够通过一定方式方便地获得所想了解的地球信息;其特点是嵌入海量地理数据,实现对地球的多分辨率、三维描述,也就是虚拟地球

续 表

国家 （地区）	政策名称	政策内容
美国	国家宽带计划 （2010）	未来10年实现六大目标：①至少1亿个美国家庭能够接入下行大于等于100 Mbps、上行大于等于50 Mbps的宽带服务；②建成比其他国家运行更快、分布更广泛的无线网络，在移动创新上领先；③每个美国人都能自愿选择接入且使用得起强健的宽带服务；④每个美国社区都应能获得不低于1 Gbps的宽带服务，用以访问学校、医院和政府等机构；⑤为确保美国公众安全，每位先遣急救员都可接入可互操作的、安全的全国无线宽带网络；⑥为确保美国在清洁能源经济中的领导地位，每位美国人都应能通过宽带实时跟踪和管理他们的能源消耗
	网络空间国际战略（2011）	该战略以"共同创造繁荣、安全、开放的网络世界"为基本宗旨，以"基本自由、隐私和信息流动自由"为核心原则，从经济、网络安全、司法、军事、网络管理、国际发展、网络自由等方面为美国未来网络安全战略的发展指明了方向
	联邦政府云战略（2011）	该战略旨在解决美国联邦政府电子政务基础设施使用率低、资源需求分散、系统重复建设严重、工程建设难于管理以及建设周期过长等问题，以提高政府的公信力
	先进制造伙伴计划（AMP）（2011）	呼吁各界加强合作，加快先进制造材料、制造工艺、制造装备的创新研究，强化本土制造业竞争能力，确保在世界制造强国中的领先地位
	《大数据研究和发展计划》(2012)	成立"大数据高级指导小组"，以实现用大数据技术系统改造传统国家治理手段和治理体系、形成新经济增长点的目标
	"数据—知识—行动"计划（2013年）	进一步细化了利用大数据改造国家治理、促进前沿创新、提振经济增长的路径，是美国向数字治国、数字经济、数字城市、数字国防转型的重要举措

续 表

国家(地区)	政策名称	政策内容
美国	《大数据:把握机遇,维护价值》(2014)	强调政府与私人部门合作,利用大数据最大限度地促进增长,降低风险
	国家创新战略(2015)	该战略涉及6个方面,指出联邦政府在投资基础创新领域、鼓励私人部门创新和培养更多创新人才方面应发挥更重要的作用,政府将为实现上述目标采取3项战略举措——创造高质量就业岗位和长期稳定的经济增长、推动国家重点创新领域取得突破以及建设创新型政府
欧盟	《朝着数据驱动的繁荣经济迈进》	促进欧盟经济向数据驱动型转变
	释放欧洲云计算服务潜力(2012)	计划通过2年时间,把欧盟打造成云计算服务的领先经济体,为2014—2020年期间欧盟"云起飞"创造基础,让大数据技术革命渗透到经济社会的各个领域
	火花(SPARCA)计划(2014)	到2020年,将投入28亿欧元用于研发民用机器人
	数字化单一市场战略(2015)	将通过出台政策改革、版权法、消费者保护、云服务等一系列措施,推动欧盟跨境贸易。确定了三大支柱和16项具体行动措施,计划在2016年年底完成,将每年为欧洲公民节约110亿欧元开支
韩国	《IT融合发展战略》(2010)	在汽车、造船、机械、机器人等十大领域加快IT融合发展,到2015年将韩国发展成为世界五大IT融合强国
	云计算全面振兴计划(2011)	核心是政府率先引进并提供云计算服务,为云计算开发国内需求

续　表

国家（地区）	政策名称	政策内容
韩国	未来增长引擎执行计划(2014)	列出了13个韩国未来增长引擎的领域,其中包括大数据,计划通过项目推动,达到扩大国内大数据市场规模和扩展国际市场占有率目标。到2020年,使大数据的国内外市场规模均超过10亿美元
	制造业创新3.0战略(2014)	促进制造业与信息技术相融合,从而创造出新产业。通过实施"制造业创新3.0"战略,计划到2024年韩国制造业出口额达到1万亿美元,竞争力进入全球前4名,超越日本,仅次于中国、美国和德国
	《国家创新战略》(2015)	建设下一代数字化基础设施,以保障数字世界接入等内容
新加坡	iN2015计划(2006)	通过信息通信的融合、创新和合作,将新加坡打造成为"一个信息技术无处不在的智慧国家、全球化城市"。
	智慧国家2025	将通过建设覆盖全岛的数据收集、连接和分析基础设施的平台,根据所获数据预测公民需求,以提供更好的公共服务。借着大学、一个个管理机构、小型的初创公司、大企业还有政府一起携手进行,让新加坡成为全球第一个智慧国家
	国家人工智能核心计划(2017)	旨在凝聚政府、科研机构与产业界三大领域的力量,促进人工智能的发展和应用。未来5年对这个计划投资1.5亿新加坡元,用于资助相关研究等
德国	"工业4.0"战略计划(2013)	通过鼓励传统优势技术研发和新一代信息技术创新,打造一个将资源、信息、物品和人互联的信息物理系统,实现"智能生产"和"智能工厂"

续 表

国家 (地区)	政策名称	政策内容
日本	《制造业白皮书》(2014)	大力调整制造业结构,将机器人、下一代清洁能源汽车、再生医疗以及3D打印技术作为今后制造业发展的重点领域
俄罗斯	经济现代化和创新发展主席团会议(2014)	发展工业化生产新技术,并在2015年年底出台工业化生产新技术发展规划,重点布局现代自动化技术、机器人技术、3D打印技术等
英国	"高价值制造"(2012)	鼓励英国企业在本土生产更多世界级的高附加值产品,以加大制造业在促进经济增长中的作用

数据来源:笔者根据相关资料整理。

第二节 中国数字经济发展的政策环境

近年来,中国积极部署"互联网+"行动计划,实施网络强国战略、大数据战略、制造强国战略,促进互联网和经济社会融合发展,发挥了促进国民经济平稳、健康发展的积极作用。继2016年G20集团峰会在中国的倡议下签署《二十国集团数字经济发展与合作倡议》之后,2017年的《政府工作报告》提出,"推动'互联网+'深入发展、促进数字经济加快成长,让企业广泛受益、群众普遍受惠"。这是中国官方首次使用数字经济概念,并将其视为未来一段时期推动中国经济保持稳定增长的新动力来源,开启了数字经济发展的新篇章。

一、聚焦关键技术突破

围绕数字经济核心技术，中国实施了一系列国家科技重大专项、重点研发计划并取得巨大成功。《国家中长期科学和技术发展规划纲要（2006—2020）》确定了核心电子器件、高端通用芯片及集成软件，极大规模集成电路制造技术及成套工艺，新一代宽带无线移动通信在内的16个重大专项。国家科技重大专项和国家科技重点研发计划针对事关国计民生的重大社会公益性研究，以及事关产业核心竞争力、整体自主创新能力和国家安全的重大科学技术问题，突破国民经济和社会发展主要领域的技术瓶颈。《〈中国制造2025〉重点领域技术路线图（2015版）》围绕经济社会发展和国家安全重大需求，选择了十大优势和战略产业作为实现中国制造2025的重要突破口，新一代信息技术被摆在了首位，其战略重要性可见一斑。对集成电路及专用设备、信息通信设备、操作系统及工业软件等领域的核心技术提出了具体要求和目标。近年来，中国企业在关键技术突破方面表现抢眼。以云计算为例，阿里云在中国公有云市场占据最高市场份额，也是我国唯一有自主知识产权的企业云，基于阿里本身的基因，阿里云在电商和金融方面优势突出；腾讯云则在游戏、金融、视频、移动等方面优势明显；百度云在语音和图像识别、智能推荐、深度学习、大数据挖掘和预测等新兴技术方面具有一定技术优势。

二、促进数字技术与经济社会融合发展

在当前形势下，互联网与云计算、大数据、移动互联网、物联

网、人工智能等新一代信息技术不断创新突破、融合应用,深刻改变着企业生产、市场供给、商业服务和生活消费方式,正以前所未有的力度催生新兴产业、重塑传统产业,成为经济社会发展的新引擎。2015年7月,国务院印发《关于积极推进"互联网+"行动的指导意见》,提出要充分发挥我国互联网的规模优势和应用优势,大力拓展互联网与经济社会各领域融合的广度和深度,并提出了"互联网+"创业创新、协同制造、现代农业等11个领域的重点行动计划,这是我国对互联网与经济社会融合发展做出的重大战略部署和顶层设计。2016年5月,国务院印发《关于深化制造业与互联网融合发展的指导意见》,进一步推动制造业与互联网融合,旨在形成"中国制造2025"和"互联网+"行动协同推进的良好态势。更为重要的是,在国家政策引导下,各省市相继出台细化行动方案和实施细则,不断完善融合发展的财政、税收、土地、科技等政策环境。

三、大力推进电子政务建设

一方面,建成国家电子政务外网、"金农"(农业)、"金财"(财政)、"金税"(税务)、"金审"(审计)、"金盾"(公安)、"金关"(海关)、"金保"(社保)等一批国家重点信息应用系统,为开展跨部门、跨地区业务协同和信息共享创造了良好条件,在全面承载全国性应用服务方面起到了不可替代的作用。另一方面,电子政务应用服务不断创新,钉钉、微博等新媒体工具在开展政务信息服务方面得到积极运用,"一门式"服务、"一口式"服务、移动政务等大大简化了群众办

专栏1-1　典型案例:"云上浙江"

依托阿里云的强大计算能力,浙江政务服务网整合了40余个省级部门、11个地市和90个县(市、区)政务服务资源,实现了省市县的数据直连,将行政审批的"人跑腿"变成"数跑腿"。浙江省市县3 300余个部门、6万余项审批事项,都已纳入浙江政务服务网,并按照个人办事、法人办事、便民服务等主题分类导航,面向网民提供在线服务。

通过在阿里云平台上的"政务超市",网民可以像逛淘宝一样"逛衙门",省市县三级政府6万余个审批事项均可一网搞定,并使用支付宝缴费。这是中国首个淘汰自有数据中心、运行在云端的省级政务网站。

值得一提的是,在这个云"政务超市"里,网民不仅可以像逛淘宝一样方便地办事,还能使用支付宝来缴费!作为首批试点,高速公路违章罚款、水电煤费用、省财政厅政府非税收入等已接入支付宝在线缴费,未来将有更多缴费项目接入。这是浙江省政府网站首次接通支付宝在线支付,在全国具有突破性意义。网站还集成了电子地图服务,汇聚全省14类近5 000个办事场所和服务场馆信息,形成了全省便民服务一张图。

淘汰自有数据中心,采用云计算架构,这是浙江省政府对云计算、阿里云投下了信任的一票,将在全国范围内形成巨大的示范效应。只有通过云计算,政府机构才能真正运用大数据的手段提升便民服务效率。

事环节,优化了政务服务流程,提升了政府办事效率,在推进简政放权、提升政府公共服务业水平和监管能力等方面发挥了积极作用。

四、加强网络安全治理

一方面,网络安全管理体系不断完善。在中央网络安全和信息化领导小组的统筹下,基本形成了中央网信办、公安部、工业和信息化部、国家密码管理局、国家保密局等主管部门各司其职的网络安全管理体系,并积极探索建立部门协调、联动保障机制。另一方面,国家不断完善网络安全立法保障措施。2015年《国家安全法》和《反恐怖主义法》相继出台,2016年11月《网络安全法》发布并于2017年6月1日起开始进入实施阶段,国家建设网络与信息安全保障体系正在形成。此外,中国高校开始设立网络空间安全一级学科,加快网络空间安全高层次人才培养;政府部门和行业组织围绕网络安全举办的会议、赛事、宣传活动日益丰富,也促进了中国全民网络安全意识水平不断提高。

近年来,随着个人信息泄露事件的频繁发生,国家不断加大个人信息安全保护力度,制定出台了相关法律法规。例如,现有的《网络安全法》等均对个人信息保护设置了专门的条款和章节;目前,《个人信息保护法》作为一部保护个人信息的独立法律尚在制定中,出台后将对保护个人信息发挥重要的作用。

表 1-2 近年来中国促进数字经济发展政策一览表

类别	文件名称（发布时间）	主要内容
综合类	中共中央办公厅、国务院《2006—2020年国家信息化发展战略》（2006年3月）	到2020年，我国信息化发展的战略目标是：综合信息基础设施基本普及，信息技术自主创新能力显著增强，信息产业结构全面优化，国家信息安全保障水平大幅提高，国民经济和社会信息化取得明显成效，新型工业化发展模式初步确立，国家信息化发展的制度环境和政策体系基本完善，国民信息技术应用能力显著提高，为迈向信息社会奠定坚实基础
	国务院《关于积极推进"互联网＋"行动的指导意见》（2015年7月）	充分发挥互联网的创新驱动作用，以促进创业创新为重点，推动各类要素资源聚集、开放和共享，大力发展众创空间、开放式创新等，引导和推动全社会形成大众创业、万众创新的浓厚氛围，打造经济发展新引擎
	《工业强基工程实施指南（2016—2020年）》（2016年6月）	围绕《中国制造2025》十大重点领域高端发展及传统产业转型升级，推进核心基础零部件、关键基础材料、先进基础工艺等领域突破发展
	中共中央办公厅、国务院《国家信息化发展战略纲要》（2016年8月）	立足我国信息化建设进程和新形势，明确了新的指导思想、战略目标、基本方针和重大任务，成为规范和指导未来10年国家信息化发展的纲领性文件
	国务院《"十三五"国家战略性新兴产业发展规划》（2016年12月）	实施网络强国战略，加快建设"数字中国"，推进物联网、云计算和人工智能等技术向各行业全面融合渗透，构建万物互联、融合创新、智能协同、安全可控的新一代信息技术产业体系
	科技部《"十三五"现代服务业科技创新专项规划》（2017年4月）	将数字生活、数字教育等内容纳入新兴现代服务业范畴

续 表

类别		文件名称（发布时间）	主要内容
各领域	大数据	国务院《关于促进大数据发展行动纲要的通知》(2015年8月)	充分运用大数据，不断提升信用等领域数据资源的获取和利用能力，并提高信用体系、市场监管等方面管理效能；要在2018年年底前建成国家政府数据统一开放平台，率先在信用等重要领域实现公共数据资源合理适度向社会开放
		《国民经济和社会发展第十三个五年规划纲要》(2016年3月)	提出实施国家大数据战略
		国务院发改委印发《关于组织实施促进大数据发展重大工程的通知》(2016年6月)	重点支持大数据示范应用、共享开放、基础设施统筹发展，以及数据要素流通。国家发改委将择优推荐项目进入国家重大建设项目库审核区，并根据资金总体情况予以支持
		国家发改委《关于组织申报大数据领域创新能力建设专项的通知》(2016年8月)	重点提出两个方面的专项建设内容，在提升大数据集成技术支撑能力方面，重点内容包括建设大数据系统计算技术、大数据系统软件、大数据分析技术、大数据流通与交易技术及大数据系统安全技术、国家工程实验室
		《关于促进云计算创新发展培育信息产业新业态的意见》(2015年1月)	明确了6项主要任务，包括增强云计算服务能力、提升云计算自主创新能力、探索电子政务云计算发展新模式、加强大数据开发与利用、统筹布局云计算基础设施、提升安全保障能力
		《云计算发展三年行动计划(2017—2019)》(2017年4月)	到2019年，我国云计算产业规模达到4 300亿元，突破一批核心关键技术，云计算服务能力达到国际先进水平，对新一代信息产业发展的带动效应显著增强

续　表

类别	文件名称（发布时间）	主要内容
物联网	《国务院关于推进物联网有序健康发展的指导意见》(2013)	推进重要领域的规模示范应用,突破一批核心技术,培育一批创新型中小企业,打造较完善的物联网产业链,初步形成满足物联网规模应用和产业化需求的标准体系,并建立健全物联网安全测评、风险评估、安全防范、应急处置等机制
物联网	《物联网"十三五"规划》(2017)	明确了物联网产业"十三五"时期的发展目标:完善技术创新体系,构建完善标准体系,推动物联网规模应用,完善公共服务体系,提升安全保障能力等具体任务
各领域 智能制造	《中国制造2025》	提出了制造强国"三步走"战略
各领域 智能制造	《国家智能制造标准体系建设指南》(2016)	明确了建设智能制造标准体系的总体要求、建设思路、建设内容和组织实施方式,提出了智能制造标准体系框架,包括基础、安全、管理、检测评价、可靠性等5类基础共性标准和智能装备、智能IT、智能服务、工业软件和大数据、工业互联网等5类关键技术标准,以及包括《中国制造2025》中十大应用领域在内的不同行业的应用标准
各领域 智能制造	《国务院关于深化制造业与互联网融合发展的指导意见》(2016)	提出到2018年年底,制造业重点行业骨干企业互联网"双创"平台普及率达到80%,相比2015年年底,工业云企业用户翻一番,新产品研发周期缩短12%,库存周转率提高25%,能源利用率提高5%
各领域 智能制造	《智能制造发展规划(2016—2020)》(2016)	提出智能制造"两步走"战略:第一步,到2020年,智能制造发展基础和支撑能力明显增强,传统制造业重点领域基本实现数字化制造,有条件、有基础的重点产业智能转型取得明显进展;第二步,到2025年,智能制造支撑体系基本建立,重点产业初步实现智能转型
各领域 智能制造	《新一代人工智能发展规划》(2017年7月)	提出了三步走战略

续　表

类别	文件名称（发布时间）	主要内容
各领域 / 集成电路	《关于进一步鼓励集成电路产业发展企业所得税政策的通知》	企业所得税政策优惠范围进一步扩大到集成电路封装、测试、关键设备和专用材料领域
各领域 / 集成电路	《首台（套）重大技术装备推广应用指导目录（2015年第2版）》	进一步扩大了支持首台（套）装备推广应用的范围
各领域 / 集成电路	《外商投资产业指导目录（2015年修订）》	集成电路设计、制造以及先进封装和测试等依然被列入了鼓励外商投资的重点领域
各领域 / 电子政务	《关于推进国家电子政务网络建设的意见》（2006年5月）	利用3年左右的时间，形成从中央到地方统一的国家电子政务传输骨干网，建成基本满足各级政务部门业务应用需要的政务内网和政务外网，健全国家电子政务网络安全保障机制，完善国家电子政务网络管理体制
各领域 / 电子政务	《关于促进电子政务协调发展的指导意见》（2015年2月）	利用5年左右时间，统一规范的国家电子政务网络全面建成；网络信息安全保障能力显著增强；信息共享、业务协同和数据开放水平大幅提升；服务政府决策和管理的信息化能力明显提高；政府公共服务网上运行全面普及；电子政务协调发展环境更加优化
各领域 / 信息安全	国务院《关于大力推进信息化发展和切实保障信息安全的若干意见》（2012年7月）	确定了6项重点工作：实施"宽带中国"工程；推动信息化和工业化深度融合；加快社会领域信息化；推进农业农村信息化；健全安全防护和管理；加快安全能力建设。强调要"建立健全信息安全保障体系"，明确提出要"完善信息安全认证认可体系，加强信息安全产品认证工作"

续 表

类别		文件名称 （发布时间）	主要内容
各领域	信息安全	新《国家安全法》 （2015年7月）	首次以法律形式提出"维护国家网络空间主权"，并要求"国家建设网络与信息安全保障体系，提升网络与信息安全保护能力，加强网络和信息技术的创新研究和开发应用，实现网络和信息核心技术、关键基础设施和重要领域信息系统及数据的安全可控"
		《网络安全法》 （2016年11月）	坚持网络安全与信息化发展并重，推进网络基础设施建设和互联互通，鼓励网络技术创新和应用，支持培养网络安全人才，建立健全网络安全保障体系，提高网络安全保护能力

数据来源：笔者根据相关资料整理。

五、加快我国数字经济监管制度和产业政策创新步伐

数字经济所带来的新产业、新业态、新模式，使得传统监管制度、产业政策与新发展情况不相适应的问题日趋明显，促使政府部门运用大数据、云计算等信息技术提升政府监管水平与服务能力，并加大数字经济监管制度及产业政策体系改革创新力度，如创新网约车治理方式、推动互联网金融发展、构建社会信用体系，等等。

六、建立数字经济形势下适宜的税收政策和征管模式

数字经济，作为一种随着信息技术革命发展而产生的新经济形态，给人们的生活确实带来了极大便利，然而也给现行的税收管理模式带来了一定挑战。2013年，二十国集团（G20）领导人在圣彼得

堡峰会上委托经济合作与发展组织（OECD）启动实施国际税收改革项目"税基侵蚀和利润转移"（BEPS），其中一项是针对数字经济制定一些单独的税收规则。2015年发布的OECD/G20税基侵蚀和利润转移项目最终报告中，第1项行动计划就是《应对数字经济的税收挑战》（以下简称"计划"），该计划包含直接税和间接税两部分。对于税收征管方面，计划提及要确保利润在经济活动发生地和价值创造地征税，以及在数字化时代的跨境B2C模式下，增值税应该在商品和劳务的消费地征收等。

我国现行税收征管体制是根据建立社会主义市场经济体制的基本要求，借鉴国外做法，进行分税制改革而确定的，主要是针对实体经济，对于数字经济而言，这类征管模式存在一定的困难。近年来，中国正积极将BEPS的各项成果逐步落实到国内法中，包括结合国内税制改革和加强国际税收征管，以应对数字经济带来的税收征管挑战。

早在2015年年初，国务院法制办公室就发布了《中华人民共和国税收征收管理法修订草案（征求意见稿）》（以下简称《征管法征求意见稿》）向公众征求意见。《征管法征求意见稿》针对数字经济下交易数字化、虚拟化、隐匿化和支付电子化等特点，对现行的征管方式提出了新规定，包括自然人税务登记、平台信息提供等内容。其中提到，从事网络交易的纳税人应当在其网站首页或者从事经营活动的主页面醒目位置公开税务登记的登载信息或者电子链接标识，网络交易平台应当向税务机关提供电子商务交易者的登记注册信息，并提出税务机关在履行税额确认、税务稽查及其他管理职责时，有权到网络交易平台提供机构检查网络交易情况,到网络交易支付服务机构检查网络交易支付情况。目前,《征管法征求意见稿》已完成意见征集,但尚未发布最终定稿。

当前,增值税纳税地点因发生应税行为的对象以及发生应税行为的种类不同而各异。例如,固定业务通常应当向机构所在地主管税务机关申报纳税,固定业务到外县(市)销售货物或者应税劳务的,则纳税地点视其是否具备外出经营活动税收管理证明而定;扣缴义务人应当向其机构所在地或者居住地的主管税务机关申报缴纳其扣缴的税款等。然而,基于电子商务的特殊性,某些纳税人可能不具备固定的经营场所,或存在纳税人未进行税务登记等情况。此外,虽然《征管法征求意见稿》提出将网络交易平台纳入电商税收征管流程,现实中也有人建议电商税款由平台代为扣缴,但其中存在一定的风险,如由平台代扣代缴税款可能存在由于平台交易的多样性导致涉税信息获取不完整,从而引起无法正确扣缴税款的情况。此外,自2016年5月1日全面营改增后,我国中央与地方增值税收入划分为中央分享增值税的50%、地方按税收缴纳地分享增值税的50%,因此,平台扣缴还可能带来财政收入分配方面的问题。

另外,数字经济下,非居民税收管理也亟须进一步完善。数字经济的虚拟化特征决定了无法对该经济下的非居民完全采用传统的税收管理模式。目前我国非居民税收管理的法律依据主要有:对外签署的避免双重征税协定/安排/协议,国内税收法律如企业所得税法以及国务院部门出台的一系列规范性文件等。

除此之外,近年来,为促进经济发展和结构调整转型,我国政府力推简政放权和行政审批制度改革。但值得注意的是,虽然相当一部分涉税审批已被取消,并不意味着税务机关放松了对相关事项的监管,税务机关将工作重心转移至后续管理,纳税人面临的监管可能更为严格。

中国的数字经济在近几年发展迅猛,很大一部分原因是国家为其提供了较为宽松的市场环境。而数字经济对推进经济增长、推动经济结构调整转型具有相当重要的作用。因此为数字经济设计有效的税收征收模式显得极为关键,本书第五章将对此作进一步探讨。

第三节 中国数字经济的发展态势与特征

一、尚处于安装期的数字经济

与拥有 5 000 多年历史的农业经济和 200 年历史的工业经济相比,发展不到 30 年的中国数字经济正不断迸发出巨大的活力,呈现出规模迅速扩张、高速增长、高生产率、扩张就业等特点,强力拉动中国经济增长。然而,中国数字经济仍处于初级阶段,一方面面临全球数字经济发展不平衡、竞争不充分的外部压力;另一方面,数字经济发展的政策环境亟待完善。中国数字经济的发展,既要在现有适度宽松的政策氛围内延续灵活恰当的政策基调,实行积极的财政、税收、创新创业优惠政策,夯实中国数字经济的发展基础,培育中国数字经济国际竞争力,又要重视数字经济发展过程中不断衍生出来的政策需求,进行持续的制度创新,在数据安全、风险控制的前提下把握好有效监管的尺度、力度和弹性。还要积极参与数字经济标准和规则的制定，不仅为中国数字经济"走出去"参与国际竞争保驾护航，也为中国参与全球数字经济治理，掌握主动权和话语权提供有力支持。

表 1-3 中国数字经济与其他经济形态比较（2017 年）

	农业经济	工业经济	数字经济
历史	5 000 年	200 年	<30 年
发展阶段	转型期	工业化中后期	安装期
产业政策导向	粮食安全扶持、转型	制造强国转型升级	网络强国、数字中国、智慧社会深度融合
增加值规模（亿元）	65 468	334 623	118 868
增速（%）	3.9	6.1	19.47
经济增长贡献率（%）	4.60	36.03	37.73
从业者数量（万人）	31 422*	22 350*	14 227**（电子商务 3 760.43*）
劳均增加值（万元）	2.03*	13.27*	8.89**
从业者平均年龄（岁）	46.5*	—	—
特征	规模化机械化数字化	机械化、自动化数字化、智能化	数字化、平台化、智能化个性化、柔性化、协同化生态化、绿色化、普惠化
价值取向	天人合一可持续发展	物竞天择利润最大化	公平、开放、透明、分享、责任

注：* 根据 2016 年数据计算，其他为 2017 年数据；** BCG 通过估算 e-GDP 推算得到。

资料来源：国家统计局；第三次全国农业普查主要数据公报。

二、由落后追赶实现部分领先

在数字 1.0 时代,通过人口红利和投资环境改善,中国大量承接欧美电子信息产业制造业转移,成为"世界工厂",深深嵌入全球生产体系。数字 2.0 时代,凭借在前一阶段积累的后发优势与改革开放红利、市场红利的有机结合,中国企业的创新能力不断提高,在电子商务、电子信息产品制造等诸多领域取得突出成就。阿里巴巴、腾讯、百度、蚂蚁金服、小米、滴滴出行等企业位居全球互联网企业 20 强。[①]深圳市大疆创新科技有限公司聚焦普通消费者航拍需求,利用无人飞行器控制系统及无人机解决方案制造出了"会飞的相机",逐步成为全球行业领导者。移动互联网发展迅猛,技术创新优势不断凸显,甚至在某些方面已经领先于美国,吸引硅谷开始从中国的微信、支付宝、滴滴出行、共享单车等应用中寻求创意。中国信通院研究报告显示,近年来我国在大数据、云计算、人工智能等重要新兴领域技术产业发展迅猛,阿里巴巴成为世界云计算领域的"领跑者";百度、腾讯、阿里巴巴、科大讯飞积极布局人工智能领域,在无人驾驶、语音识别等方面具备国际领先水平。

三、成为新常态下中国经济的亮点

中国人均 GDP 达到 8 000 美元、经济出现新常态时,经济增长面临很大的困境,传统经济增长乏力,以计算机、网络和信息通信等

---

① http://www.sohu.com/a/81671639_408314.

为代表的现代信息技术革命催生了数字经济,近年来中国数字经济扬帆起航,正在引领经济增长从低起点高速追赶向高水平稳健超越、供给结构从中低端增量扩能走向中高端供给优化、动力引擎从密集的要素投入走向持续的创新驱动、技术产业从模仿式跟跑并跑走向自主型并跑领跑全面转型,为最终实现经济发展方式的根本转变提供了强大支撑。中国信息化百人会课题组发展的最新报告显示,2016年,中国数字经济总量达到了22.77万亿元,占GDP比重超过30.1%,增速高达16.6%,分别是美国(6.8%)、日本(5.5%)和英国(5.4%)的2.4倍、3.0倍和3.1倍,增速位居世界第一。

四、基于互联网的创新创业风生水起

2015年,"互联网+"出现在中国《政府工作报告》中,很快成为街知巷闻的热词,随后国家及地方出台了一系列"互联网+"行动计划,推动了新一波的创新创业浪潮,创业企业、创业投资、创业平台爆发式增长,创业主体迅速扩大,创新创业在全社会蔚然成风。"互联网+"加速推进各行各业与互联网的深度融合,媒体出版、广告营销和通信行业最早感受到互联网的冲击,零售、交通、餐饮、旅游、教育行业积极转变,批发、制造、金融、地产和能源行业也逐步加入,互联网的吸引力日渐显著,成为人们投身创新创业的新领地。"互联网+"浪潮下,催生了中国一批高成长、高估值的"独角兽"企业,成为与BAT一样具有影响力的新领军者。如深耕智能终端制造的小米、魅族,现代化物流企业顺丰,互联网金融的实践者蚂蚁金服、陆金所,出行服务的滴滴,O2O本地服务的58同城、饿

了么,等等。①"互联网+"创新企业极大改善了传统农业、制造业和服务业的效率,基于协作创新创造了新商业模式,越发显示出其巨大的经济社会价值。各地政府部门主动通过众创空间、财政扶持、配套支撑等方式为"互联网+"创新创业提供了良好环境。

专栏 1-2　典型案例:滴滴出行

滴滴出行是涵盖出租车、专车、快车、顺风车、代驾及大巴等多项业务在内的一站式出行平台。根据第三方数据研究机构中国IT研究中心(CNIT-Research)发布的《2016年中国专车市场研究报告》显示,从2016年第三季度主要专车应用活跃用户覆盖率和专车市场订单量份额来看,滴滴出行都占据着绝对的领先地位,活跃用户覆盖率达96.7%,订单量占94.6%的市场份额,远远超过易到、神州专车等同行。

五、新产品、新服务、新市场不断涌现

数字技术与各行各业的深入融合发展,促进产业组织、商业模式、供应链管理创新,衍生了一系列的新产品、新服务和新市场。例如,数字技术与传统制造业的创新融合,不断催生出网络化协同制造、大规模个性化定制和远程智能服务等符合市场需求的新业态、

---

① 阿里研究院:《中国互联网创新创业的四次浪潮》,http://www.sinan.gov.cn/?Temp=SiNanContent&id=46495。

新模式。公司宝基于O2O商业模式,打造一站式企业服务平台和创业生态系统,通过近200项的标准化服务产品,帮助企业解决注册、财会、知识产权、投融资等创业中的刚需难题,推动企业服务的标准化和产品化。航天云网通过平台为超过44万家企业注册用户提供工业软件、解决方案等服务,2016年,其平台总成交额达到193亿元。设计软件企业数码大方则与数控家具生产设备厂商铭龙科技合作推出可在手机上定制板式家具的移动APP"智慧工匠",后台利用云平台接受订单并生成可执行的加工文件后传送至专用自动化生产设备加工,由此实现用户定制化需求和家具工厂的对接。

六、核心技术仍受制于人,成数字经济主攻方向

技术是一个国家、一个企业的竞争利器、核心能力和命脉所在。当前,数字技术在全球范围内快速发展,正在重塑世界产业和经济格局,引发新一轮经济繁荣,关系我国经济社会发展全局。然而,我国数字技术在许多领域与国际先进水平还有相当差距。以智能终端(包括桌面电脑、移动手机等)操作系统为例,现在全世界近百亿台智能终端,操作系统基本都被微软Windows、苹果IOS、安卓Android等少数几家所控制。

所谓"大国利器,不可以示人",真正的核心技术是引不进、买不来的。近年来,我国提出了创新驱动发展战略,努力提高我国自主创新能力,高校、科研院所和企业研发都取得了瞩目的成绩。2015年,阿里巴巴和中科院合作成立了亚洲首个量子计算实验室,开展量子信息科学领域的前瞻性研究,探索超越经典计算机的下一代超

快计算技术。而在2017年3月的深圳云栖大会上,阿里云公布了全球首个云上量子加密通讯案例,通过建立多个量子安全传输域,为客户提供无条件安全数据传输服务。随后,阿里启动NASA计划,面向机器学习、芯片、IOT、操作系统、生物识别等领域储备核心技术。

> **专栏1-3 典型案例:天猫"双11"**
>
> 2017年"双11",天猫全天交易额破1 682亿元,其中无线成交占比高达90%;支付宝支付笔数达到了14.8亿笔,同比增长41%;支付峰值达到了每秒25.6万笔,是上年的2.1倍,再次刷新上年创下的峰值,而支撑这些海量支付的只有蚂蚁金服平台技术部的30名工程师。支付宝母公司蚂蚁金服集团首席技术架构师胡喜表示,支付宝核心交易、支付、会员、账务等核心数据链全都运行在自主研发的数据库OceanBase上,这么少的人数,体现出工程师们对国产数据库"大杀器"充满信心。

七、网民大国红利显现,激发中国数字经济巨大潜能

近年来,中国的网民规模逐年攀升,互联网普及率稳健增长,网络大国红利开始显现。自2008年中国成为名副其实的第一网民大国,截至2016年12月,中国网民规模达7.31亿,相当于欧洲人口总量,互联网普及率达到了53.2%。其中手机网民规模达6.05亿,

增长率连续 3 年超过 10%。如此庞大的网民数量，造就了中国数字经济的巨大体量和发展潜力。

八、商业基础设施建设滞后，制约数字经济健康发展

历史上，每次工业革命都伴随着基础设施的变革。现有的商业基础设施已经无法支撑数字化商业的运营。将来支撑各种数字化商业实践的是由物理基础设施和数字基础设施共同组成的下一代基础设施。由网络和 IT 设备构成的物理基础设施实现了人与人、人与物以及物与物之间的网络联接，组成了全联接的数字世界的坚实基础。数字基础设施通过数字化使社会生产、商业运作与物理实体解耦，从而更加方便灵活易用，并通过对数字信息的重新组织与处理，挖掘其中新的机会与价值。数字基础设施包含两个关键因素：数字生态系统和在线的数字化运营。这些系统均由最先进的软件技术驱动，例如大数据分析、云计算等，对网络环境有了更高要求。但当前我国互联网平均网速仅有 3.7 Mbps，排名全球第 71 位，远远落后于韩国、日本和美国等发达国家。

第四节　全球数字经济国际竞争力比较

一、全球数字经济发展概述

在过去的一二十年里，全球数字经济发展步伐不断加快，日益改变着人们的生活方式和工作方式。《哈佛商业评论》发布的"2017

数字进化指数"从当前的数字进化状态和速度两个维度来评估全球60个国家地区的数字竞争力,报告显示,不仅传统的欧美发达国家在数字经济领域蓬勃发展,以中国、俄罗斯、肯尼亚为代表的原先基础薄弱的国家也发展迅猛,增速远超发达国家。近些年来,各个地区仍然在以不同的速度向数字地球进发。[1]当前,全球数字经济格局呈现五大特征:数字技术广泛普及,传播快速的跨境流动数据明显增多;数字公司拥有超强的市场支配力,市值最高的几大互联网巨头公司占有市场支配地位;数字技术准备改变未来的工作,自动化、大数据和人工智能对经济影响日益增加,逐渐改变人们的工作方式;数字市场的发展呈不均衡态势,政治因素、监管和经济发展水平影响了数字经济的发展和影响力;尽管数字支付选项日益增多,但是未能完全取代现金支付,对现金依赖程度在发展中国家仍然不低。

二、中国数字经济的国际地位

(一)中国网络就绪度处于全球中等偏上水平

根据世界经济论坛(WEF)发布的《2016年全球信息技术报告》,该报告以"网络就绪指数"为依据,对139个经济体的信息通信技术发展状况进行了全面评估并排出名次,中国的排名比2015年上升了3位,列第59位。比较中国和中上收入水平国家的平均NRI发现,中国在政治和监管环境、承受能力、技能、商业使用、政府使用、经济影响和社会影响等指标上表现较好,个人使用基本与

---

[1] 哈佛商业评论网站。

平均水平持平,而在商业和创新环境、基础设施方面则落后于平均水平。综合来看,中国利用数字化变革的能力总体较强,具有较大的发展潜力和竞争力。

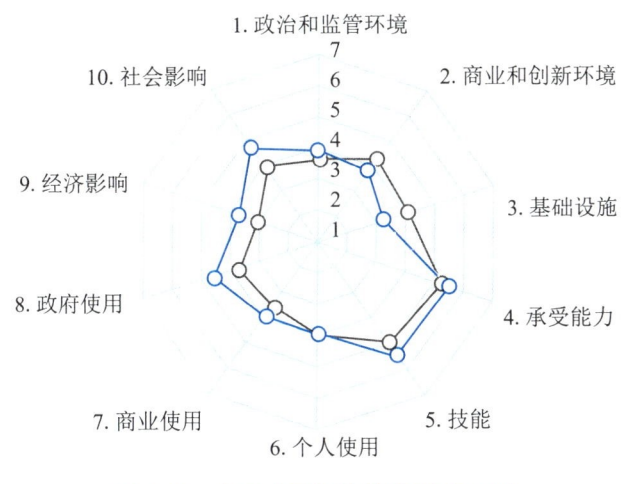

图 1-2 中国/网络就绪指数(NRI)

(二)中国数字化进程快,数字经济规模已跃居全球第二

在《哈佛商业评论》报告中,中国被归属于互联网经济爆发国家,即虽然数字化程度较低,但是进化速度较快,增长空间巨大。俄罗斯工程师曾将全球 196 个国家的 35 万个网站数据整合起来,制作出代表当今时代互联网经济体规模分布的"互联网星球图",直观展示了美国和中国的互联网企业在全球竞争中的位置,鉴于两国的GDP 规模,未来若干年中美两国互联网经济体的规模将稳居世界前两位。中国信通院测算表明,2016 年中国数字经济总量达到 22.6 万亿元,同比名义增长接近 19%,总规模仅次于美国,数字经济占 GDP 的比重超过 30%,对 GDP 的贡献接近 70%,接近甚至超

越了某些发达国家的水平。

（三）中国数字竞争力处于全球中间位置,在部分领域已成为全球引领者

中国数字经济发展初期,受限于薄弱的基础设施和制度保障,中后期依靠技术创新和新产品、新服务和新市场的涌现获得了较快发展,诞生了蚂蚁金服、滴滴、饿了么、58同城等优秀的互联网＋企业。根据瑞士洛桑管理学院(IMD)公布的《2017年IMD世界数字竞争力年报》,[①]在全球参评的63个国家当中,中国排名第31位,处于中间位置。图1-3显示,中国在知识部分和科技部分的世界排名分别为第23位及第36位,而在未来准备度部分的排名则为第34位。表明中国近几年在数字经济领域的技术革新和产业发展取得了重大成果,逐渐摆脱对进口技术的依赖,开始逐步建立自己的知识产权和技术优势。

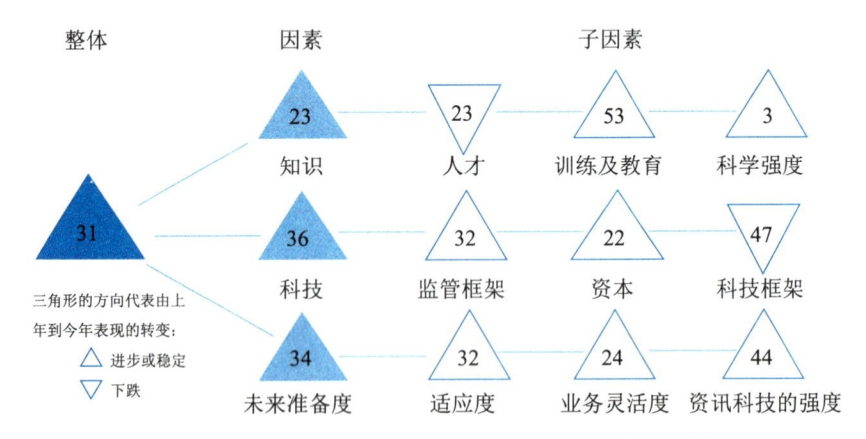

图1-3 中国在参选的63个国家各指标中的排名

---

① https://www.imd.org/globalassets/wcc/docs/release-2017/world_digital_competitiveness_yearbook_2017.pdf.

在电子商务和数字支付领域,中国已经成为全球领导者,拥有世界上 1/3 的独角兽企业。在过去的 10 年里,中国在数字经济领域的发展已经成为全球领先的力量。就电子商务而言,中国在 10 年前的交易额仅占全球交易额的不到 1%,但现在这一比例已超过 40%,远超美国。在移动支付领域,2016 年,中国移动支付与个人消费相关的价值达 7 900 亿美元,约为美国的 11 倍。同时,中国的数字经济投资,正以蓬勃之势展开,并走入全球前列。中国的创业创新浪潮也集中在数字经济领域,数字经济已经成为中国"双创"的重要实现方式。图 1-4 所示,中国的独角兽企业数量占全球独角兽企业的 34%,1/3 的世界独角兽来自中国。更为重要的是,在独角

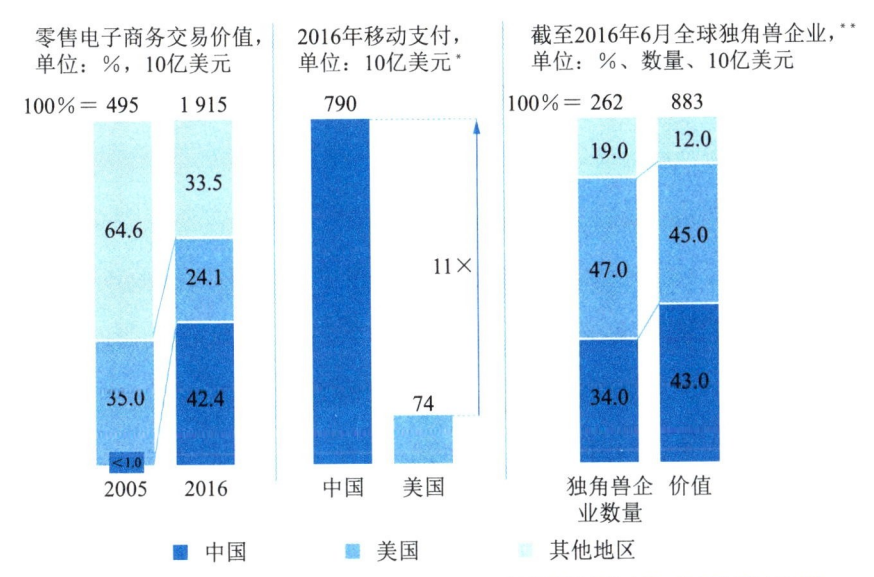

* 指移动交易过程中的第三方支付。在中国,移动支付不包括银行或银联信用卡交易、数字形式财富管理和数字金融。在美国,支付指买卖双方之间通过移动设备进行的当面支付以及通过移动设备进行的远程支付。
** 指估值不少于10亿美元的初创企业。
注:数据可能未四舍五入加总。

图 1-4 中美电子商务、移动支付与独角兽企业比较

数据来源:China's Digital Economy:A Leading Global Force, Mckinsey Global Insititute。

兽企业的估值方面,中国与美国企业的估值占比仅在伯仲之间,为43%和45%。①

三、加速释放中国数字经济潜力

中国数字经济的不俗表现既得益于全球信息革命提供的历史性机遇,也得益于新常态下寻求经济增长新动能的积极探索以及自身拥有的独特优势。近几年来,中国网民规模逐年攀升,互联网普及率稳健增长,中国已实现由人口红利向网民红利的转变。通过互联网的发展,逐渐解决了信息不对称的问题,即使是偏远地区的人们和弱势群体也可以足不出户就了解世界大事、市场信息,并可以不断学习新的技术和知识,实现创新创业,获得全新的上升通道。庞大的网民和手机用户群体对网络日益增长的需求,将会不断推动数字经济向更广泛、更深入的方面发展,使得社会资源的配置水平和效率都得到提高。

同时也要看到,虽然中国近几年在数字经济领域的技术革新和产业发展取得了重大成果,逐渐摆脱对进口技术的依赖,开始逐步建立自己的知识产权和技术优势。但是在核心技术方面,中国始终需要依赖于外来技术和成果,依然受限于自身技术水平和研发能力,中国未来需要在人才培养、人才引进和科技创新方面加大投入,不断革新,加快提升中国数字经济发展基础,夯实人才、技术等关键要素支撑,不断释放中国数字经济发展潜力。

---

① Mckinsey Global Insititute, China's Digital Economy: A Leading Global Force, 2017-08.

第五节 面向未来:中国数字经济发展全景展望

一、全面融入中国经济社会发展

凭借人口规模优势、市场红利、领军企业积累的竞争优势,以及逐步缩小的关键核心技术差距,未来中国数字经济将实现跨越式增长,至2030年,数字经济核心部分产值规模有望接近200万亿元大关,数字经济核心部分增加值规模将超过工业经济,届时,数字经济将实现与经济、社会、环境各个领域的全面融合,中国将正式进入数字社会。

二、实现"弯道超车",从世界互联网大国成长为世界互联网强国

中国和美国是当今世界公认的互联网"双雄"。美国依靠对第一代互联网技术的整体垄断一直占据领先地位。中国则依靠强大的服务需求和服务创新,在本轮数字经济发展中发挥出色表现。2017年《中国互联网络发展状况统计报告》显示,截至2017年6月,中国网民规模达到7.51亿,占全球网民总数的1/5,互联网普及率为54.3%,超过全球平均水平4.6个百分点。全球十大互联网公司中中国占据4个席位。中国互联网商业和社会服务应用,从产品到服务业品种以及服务规模均处于全球领先位置,这是中国实现"换道超车"的最好时期。中国信息化百人会课题组发布的最新报

告显示，截至2016年年底，我国信息经济规模已达到22.4万亿元，占GDP比重达30.1%，增速高达16.6%，分别是美国(6.8%)、日本(5.5%)和英国(5.4%)的2.4倍、3.0倍、3.1倍，增速位居世界第一。依靠人们日益高涨的消费需求，加之宽松的政策环境、强大的数字经济基础优势和不断突破的技术瓶颈，未来中国完全有可能超过美国，从互联网大国走向互联网强国。

三、掌握数字经济产业标准和数字贸易规则话语权

(一) 数字经济产业标准方面

随着中国自主创新能力的逐步增强，中国在全球数字经济产业标准制定中的地位也将日益凸显。如 YunOS 融合了阿里巴巴在大数据、云服务以及智能设备操作系统等多领域的技术成果，已应用于智能手机、互联网汽车、智能家居、智能穿戴等多个领域，目前已是全球第三大移动操作系统，在市场份额上仅次于谷歌 Android 和苹果 iOS。在5G标准的制定方面，中国运营商、通信设备企业在5G领域深耕多年，中国企业在经历了"1G空白、2G跟踪、3G突破、4G同步"的发展阶段后，已经成为国际同行不可忽视的角色，2016年，中国移动成功牵头5G系统设计，华为主导推动的 Polar Code 码成为5G标准，中国开始引领全球5G标准制定和发展。[1]

(二) 数字贸易规则方面

跨境电商对全球贸易格局带来新的变化。过去进口方掌握着

---

[1] http://n.cztv.com/news/12231511.html.

国际贸易的主导权,谁是最重要的进口国谁就掌握全球贸易的主导权,但跨境电商的发展使得当前全球贸易的规则体系已经转变为传统贸易和跨境电商规则体系共生共融的时代。中国跨境电商近年来发展繁荣,以此为突破口,通过电子世界贸易平台(e-WTP)形成巨大的国际贸易流量,提高中国在国际贸易规则方面的地位,使中国从全球贸易规则的学习者和执行者逐渐转变为国际规则,特别是跨境电商规则的制定者、推动者和引领者。

四、成为全球数字经济创新的重要发源地

在全球信息化进入全面渗透、跨界融合、加速创新、引领发展新阶段的大背景下,中国数字经济得到长足发展,并逐渐成为全球数字经济创新的重要发源地。以新一代信息技术与制造业技术深度融合为特征的智能制造模式,正在引发新一轮制造业变革,数字化、虚拟化、智能化技术贯穿产品全生产周期,柔性化、网络化、个性化生产制造模式成新趋势,全球化、服务化、平台化成为产业组织的新方式。数字经济也在引领农业现代化,数字农业、智慧农业等农业发展新模式不断涌现。服务业领域,电子商务、互联网金融、网络教育、远程医疗、在线娱乐、共享经济、智慧交通等创新不断。"大众创业、万众创新"过程中涌现了无数中国创新企业主动与国际市场接触,在国际舞台上崭露头角的同时,也凭借先进的技术理念和产品,成为推动全球经济数字化转型中一支重要的生力军。例如,当前中国移动互联网发展迅猛,技术创新优势不断凸显,甚至在某些方面已经领先于美国,吸引硅谷开始从中国的微信、支付宝、滴滴出行、

共享单车等应用中寻求创意。

> **专栏 1-4　典型案例：杭州智慧城市计划**
>
> 　　2016年，杭州市政府推出"城市大脑"智慧城市建设计划，将杭州打造成一座能够自我调节、与人互动的城市，包括阿里云、富士康等企业参与建设。城市大脑项目组来自阿里云等13家企业。
>
> 　　城市大脑内核采用阿里云ET人工智能技术，可以对整个城市进行全局实时分析，自动调配公共资源，修正城市运行中的Bug，最终将进化成为能够治理城市的超级人工智能。
>
> 　　此外，阿里云ET还为城市大脑其他四大系统提供人工智能内核：数据采集系统是"末梢神经"和"小脑"（执行层），源源不断向城市大脑输送数据；数据交换中心是整个大脑的"脑核"（基础层），通过政府数据、互联网和社会数据的全面融合，提高数据的多维性和多样性；开放算法平台是大脑的"皮质层"（决策层），主要是通过各类算法和模型的搭建，进行决策；数据应用平台主要是把"大脑"的决策输出到城市管理和城市服务的各个场景。

五、引领全球数字消费新趋势

随着智能终端设备在中国市场的迅速普及，数字消费已成为中国当今消费群体的主流，并催生了一个巨大的数字消费市场。埃森哲的调研报告《中国消费者洞察：通信、媒体与高科技行业篇》显示，截至2014年,中国有七成的城市消费者使用智能手机,六成使用平板电脑,智能终端已经成为城市消费者生活中所不可或缺的一部分,中国已经成为全球最大的数字消费市场。智慧家居、智慧医疗、智慧养老、智能工厂等不断颠覆传统的消费理念。在北京世园会上,青岛海尔智慧生活馆向我们展示了智慧医疗发展的愿景,这仅是整个行业的冰山一角,我国智慧医疗市场正进入爆发式增长期。未来高血压、糖尿病等慢性疾病的患者,将不仅接受药物治疗,还可接受包括远程监测、远程治疗方案调整、生活方式管理、可穿戴式给药等在内的整体疾病管理方案。

专栏 1-5 典型案例:硅谷复制中国共享单车

在国内共享单车大战如火如荼之际,两位华人将共享单车模式带到了美国科技创新中心——硅谷,创办了 LimeBike。项目尚未开始运营就获得 1 200 万美元的 A 轮融资,领投方是硅谷知名风投 Andreeseen Horowitz,跟投的还有 IDG、DCM 等知名投资机构。

LimeBike 采用的模式基本和国内一样,但收费比国内高多了,定价是每 30 分钟收取 1 美元,在智能锁打开时开始计费,智能锁关闭时进行结算。LimeBike 融资成功的消息让很多人看到了新的机会,《纽约时报》就曾撰文指出,"中国抄袭美国的时代过去了,在移动领域,美国已经开始抄袭中国"。

第二章　数字经济对中国经济社会发展的影响

第一节　数字经济发展对于中国经济社会发展的意义

当前,中国正处在从中等收入向高收入迈进,全面建成小康社会的关键阶段,面临国际市场需求疲软、国内产业结构调整与转型升级压力不断加大的突出问题。传统动能持续发力,经济发展新常态急切呼唤新动能,如何加快新旧动能转换,避免掉入"中等收入陷阱"并保持长期、可持续、稳定发展,是中国经济发展面临的最重要命题之一。这需要技术、生产力、经济结构、人才结构的快速更新,以迅速适应新的技术和市场需求的变化,发生新经济对传统经济的提升和替代,伴随新动能对旧动能的转换。在工业经济时代,我国与欧、美、日等发达经济体之间的差距仍然不小,沿着工业化路线实现追赶的空间已十分有限。在新一轮工业革命推动下,数字经济成为全球及中国经济增长的新引擎,并为中国提供了一条实现"换道超车"的新途径。凭借数字经济市场规模优势,中国完全有可能通过发展数字经济,持续加大在数字技术研发和数字技术应用推广方面的投入力度,充分激发中国在改革开放以来积累的市场、消费升级、工业基础、科技实力等方面的潜力,塑造新的动态比较优势,助推中国跨越中等收入阶段。

一、数字经济促进经济发展

以互联网为主的数字技术具有突出的通用目的性,在生产生活、各行各业中广泛融合渗透,一方面催生了云计算、大数据、物联网、人工智能等大量新兴产业,促进了高技术产业、战略性新兴产业的加快发展壮大;另一方面,数字技术在生产经营领域的交叉融合,催生了电子商务、共享单车等新模式新业态,快速成长为新兴经济增长点。

二、数字经济加速创新步伐

数字经济有多重属性,但最突出的当属创新。目前来看,正是数字技术的创新突破与广泛应用催生了数字经济,而数字经济的加快发展反过来又为创新发展注入了持续动力和活力。当前,数字经济正在推动经济社会、生产生活各行业各领域的创新变革,数字技术已经成为重要的生产力之一,数字技术也推动着生产关系的深刻调整,技术创新、制度创新、组织创新、管理创新等层出不穷。

三、数字经济促进产业转型

数字技术是典型的使能技术,[①]其与传统产业的交叉融合正在加快推动产业的转型发展、焕发生机。一方面,数字技术推动传统产业生产经营的数字化改造,通过数据化、在线化、智能化,推动实现柔性化生产、个性化定制、智能化服务等新模式。另一方面,通过将过去的 B2C 模式变革为 C2B 创新模式,灵活、高效满足个性多变的市场需求,进而实现产业的转型升级与效益提升。

四、数字经济扩大消费规模

当前,中国经济增长模式正由传统的投资驱动为主,加快转向消费拉动为主,其中数字经济所带来的消费扩张效应功不可没。最为直观地看,数字经济的发展催生了大量新生需求,典型如智能手机、可穿戴设备等。而数字经济提供的大量新技术、新平台,助力生产商和服务提供方以更低成本、更高质量、极高效率满足多变和个性化的市场消费需求,在优化消费体验的同时也增进了消费。此外,共享经济等数字经济新模式的发展也带来了收入新增效应,有力支撑了消费市场的扩大。

---

① 目前,国际国内没有严格的"使能技术"(enabling technology)相关定义。一般而言,使能技术是指一项或一系列应用面广、具有多学科特性、为实现特定战略目标的技术。澳大利亚和欧盟等国家和地区都曾出台使能技术发展相关战略。

五、数字经济推动普惠发展

数字技术的通用目的性,最直接的表现就是广泛的连接性,越来越多的企业和个人都能够通过网络触及全球,寻求更多的市场机会,拓展更广阔的成长空间。数字经济的普惠效应,本质上就是充分发挥网络的平等、公平、透明、共享等属性,让更多人享受到数字经济发展所带来的技术红利。目前,在数字经济的快速发展过程中,已经有大量中小微企业和个人抓住了发展机遇,实现了跨越式赶超。

六、数字经济带动就业增长

历史经验表明,技术进步都会有显著的就业效应,数字经济的发展同样如此。一方面,数字技术正在加速产业的数字化、网络化、智能化水平,越来越多自动化、智能化机器的应用,将在一定程度上节约劳动力投入。另一方面,数字技术和产业的发展,以及数字技术在传统产业的广泛应用,也会催生大量新兴产业、新兴模式和业态,进而创造大量新兴岗位。总体看,数字经济的加快发展与过去的技术进步一样,会通过产业规模的扩张促进就业规模的扩大和就业质量的提升。

七、数字经济助力精准扶贫

共同富裕是中国社会主义建设的伟大目标,数字经济的发展为实现这一目标提供了更多可能路径。目前,中国电子商务发展可谓日新月异,众多电商平台已经成为老少边穷地区脱贫奔小康的重要渠道,典型如农村电商、跨境电商。同时,大数据、云计算等技术手段的丰富完善,也为精准识别贫困人口、发展意愿,推动"想脱贫者尽脱贫"提供了关键技术支撑。

第二节 数字经济促进中国经济社会环境发展的宏观效应

一、经济效应

数字经济从供给和需求两侧同时发力,促进宏观经济增长。一方面,通过新要素、新技术、新模式、新业态来优化总供给;另一方面,形成数字消费、数字投资、数字出口的"新三驾马车",拉动总需求。最终,通过拉动宏观经济,实现税基扩大、税源增加的财税效应。

> 数字经济从扩大总量、优化结构和深化分工三个方面优化总供给,成为供给侧结构性改革的重要驱动力。

(一)新产品、新业态、新模式促进数字产业体系更加丰富

大数据、云计算、物联网、工业机器人、人工智能等数字技术的创新突破和迅速产业化,使得数字产业不断壮大,由数字 1.0 成长为数字 2.0,并发展成为新兴产业体系的重要组成部分。同时,数字产业正与传统产业深度融合,改变了传统工业体系的构成,产业数字化、智能化转型成为趋势。

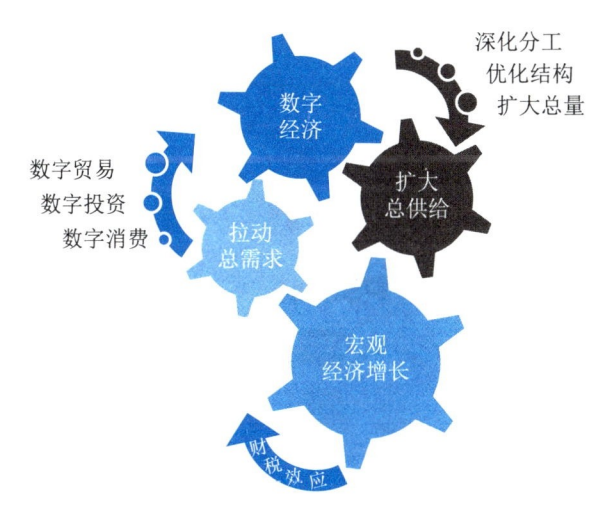

图 2-1　数字经济促进经济增长的机理

资料来源：课题组绘制。

与数字经济 1.0 时代的 IT 化相比，数字经济 2.0 架构在"云网端"新基础设施之上，以万物互联为基础，以 DT 技术为关键驱动力，以互联网平台为重要载体，不断驱动商业模式、组织模式和就业模式的创新变革，呈现出显著的平台化、数据化、普惠化等三大特征。

表 2-1　从数字 1.0 到数字 2.0

	数字经济 1.0	数字经济 2.0
基础设施	自建数据中心为主	云计算、互联网、智能终端等
技术群落	IT 技术	DT 技术
投入要素	"数据"开始体现价值	"数据"成为核心要素
代表产业	IT 产业，以及被 IT 化的各行业	DT 化产业，数据驱动的产业融合
商业模式	大规模定制	C2B
组织模式	传统金字塔体系受到冲击	云端制（大平台＋小前端）

续表

	数字经济 1.0	数字经济 2.0
十五大代表公司	Netscape, Apple, axel springer, RentPath, web.com, PSINet, Netcom, IAC, Copart, Wavo Corporation, iStar, Storage Computer Corp., ilive	Apple, Google, Microsoft, amazon, Tencent 腾讯, Alibaba Group 阿里巴巴集团, priceline.com, Baidu 百度, NETFLIX, YAHOO!, facebook, eBay, 网易

资料来源:阿里研究院:《数字经济 2.0 报告》,2017 年。

数字经济 2.0 包括支撑层、数据层、商业层和治理层等 4 层架构。其中,在支撑层,"云网端"成为新基础设施和基础技术;在数据层,在线数据日益成为核心生产资料和生产要素;在商业层,商业、组织和就业模式变革正成为基于支撑层和数据层的重要经济活动;在治理层,传统的工业经济治理体系正在发生革新,催生全新的治理规则和制度安排。

受传统工业经济体系下的产业分类局限,现行产业统计体系发展滞后,国内统计对新兴数字产业未实现全覆盖,且即使有少量统计,统计指标也很难与原有统计体系对接和保持一致,特别是增加值数据严重缺失。加上数字技术与传统产业融合,产业界限日益模糊,导致数字经济规模度量难度增大,经典的产业经济分析方法在数字经济领域运用也遭遇到了前所未有的挑战。囿于研究过程中

表 2-2　数字经济 2.0 的四层架构

4	治理	环境：多利益相关方共同参与的、公平和自由竞争的开放市场			
		原则：促进创新、主体公平、技术中立、福利最大化			
		方式：协同治理、数据治理、平台治理			
3	商业	运行机制	商业模式：C2B	产业图景	新生活
			组织模式：云端制		新零售
					新制造
			就业模式：自由连接体		新金融
2	数据	数据产权、数据资产、数据流动与共享、数据保护、数据伦理 数据成为生产要素			
1	支撑	技术	人工智能、AR/VR、物联网、计算机视觉、无人机/无人驾驶/机器人、4D 打印、区块链、量子计算……	基础设施	云、网、端、域名、TCP/IP、OS

资料来源：阿里研究院：《数字经济 2.0 报告》，2017 年。

遭遇的数据局限，在参考中国信息通讯研究院（简称信通院）和国内现行的产业统计分类基础上，课题组根据数字经济 2.0 的内容及可获得的数据来源，将数字经济规模测算的范围界定为数字经济核心部分，即涵盖以下范畴：信息通信服务业、电子信息制造业、软件及信息服务业、互联网经济、云计算、大数据（核心层）、物联网、智能制造和共享经济。其中，互联网经济涉及电子商务、广告、游戏和支付四大领域；共享经济则包含交通出行、房屋住宿、知识技能、生活服务、医疗服务、生产服务。而未能涵盖搜索引擎、数字媒体、社交网络、数字内容、数字文化创意、在线旅游等领域。

表 2-3　中国数字经济的产业构成

根据内容划分	根据统计口径划分
1　基础电信*** 　　1.1　电信服务业（通信业） 　　1.2　广播电视服务业 2　电子信息制造业* 　　2.1　通信设备制造业 　　2.2　计算机行业 　　2.3　广播电视设备制造业 　　2.4　视听电子工业 　　2.5　集成电路产业 　　2.6　电子专用设备与仪器行业 　　2.7　汽车电子行业 　　2.8　手机行业 　　2.9　平板显示 3　软件和信息技术服务*** 　　3.1　软件产业 　　3.2　信息技术服务业 4　互联网经济** 　　4.1　电子商务 　　4.2　电商物流 　　4.3　生活类平台	1　基础电信*** 　　1.1　电信服务业（通信业） 　　1.2　广播电视服务业 2　电子信息制造业*** 　　2.1　通信设备工业行业 　　2.2　雷达工业行业 　　2.3　广播电视设备工业行业 　　2.4　电子计算机工业行业 　　2.5　家用视听设备行业 　　2.6　电子器件工业行业 　　2.7　电子元件工业行业 　　2.8　电子测量仪器工业行业 　　2.9　电子工业专用设备行业 　　2.10　电子信息机电行业 　　2.11　其他电子信息行业 3　软件和信息技术服务 　　3.1　软件产业 　　3.2　信息技术服务业 4　互联网产业 　　4.1　电子商务* 　　　　4.1.1　网络零售 　　4.2　网络游戏 　　4.3　共享经济 　　4.4　平台经济

续　表

根据内容划分	根据统计口径划分
4.4　技术支持类	

阿里云 aliyun.com　腾讯云

4.5　搜索服务

Baidu百度　360搜索+　中搜 zhongsou.com

4.6　网络文化娱乐服务

4.7　社交

4.8　门户类

凤凰网 ifeng.com　搜狐 sohu.com　sina新浪　网易新闻

4.9　工具

360安全卫士　　UC　　　有道词典

4.10　综合服务

keep　阿里旅行 Alitrip.com　e洗了么　du

koolearn 新东方在线　　ctrip携程　腾讯体育

4.11　互联网金融

微信支付　京东金融 JD Finance

4.12　约车类

滴滴出行　神州专车　易到

UBER

注：* 根据《中国信息年鉴》分类；** 根据阿里研究院分类；*** 根据《中国电子信息产业统计年鉴》分类。

(二)全面拉动宏观经济增长

——数字经济规模迅速扩张,成为中国经济增长的新动力。据课题组测算,2016年,中国数字经济核心部分总产值达到27.53万亿元,是"十二五"初的2.38倍;数字经济核心部分实现增加值[①]9.95万亿元,占GDP比重为13.37%,较2011年提高5.50个百分点;2017年,中国数字经济核心部分总产值突破30万亿元,达到32.25万亿元规模,实现增加值11.89万亿元,占GDP比重提高至14.94%;2020年,"云网端"新基础设施布局基本完成,数字经济核心部分总产值规模超过50万亿元,增加值提高至20万亿元,约占当年GDP的20.90%;2025年,工业互联网布局完善、智能制造设备制造和应用普及,数字经济和制造业深度融合条件完备,数字经济核心部分产值规模突破100万亿元,增加值较"十三五"时期翻一番,GDP占比超过30%;2030年,人工智能发展成熟,数字经济核心部分产值规模有望接近200万亿元大关,数字经济核心部分增加值规模将超过工业经济,届时,数字经济将实现与经济社会环境各个领域的全面融合,中国进入数字社会,数字经济核心部分占GDP比重将超过40%。

——数字经济增长迅猛。与发达国家完成工业化之后陆续步入信息经济时代、数字经济时代不同,中国经济处于工业经济与数字经济并行发展阶段。目前,中国工业化正在加速推进,数字经济是新生力量,虽然在GDP中的总量占比仍然低于工业经济,但其关

---

① 考虑到制造业和服务业在规模统计口径上的差异,我们通过以往产业数据,估算了数字经济领域细分行业的增加值率,推算出增加值。

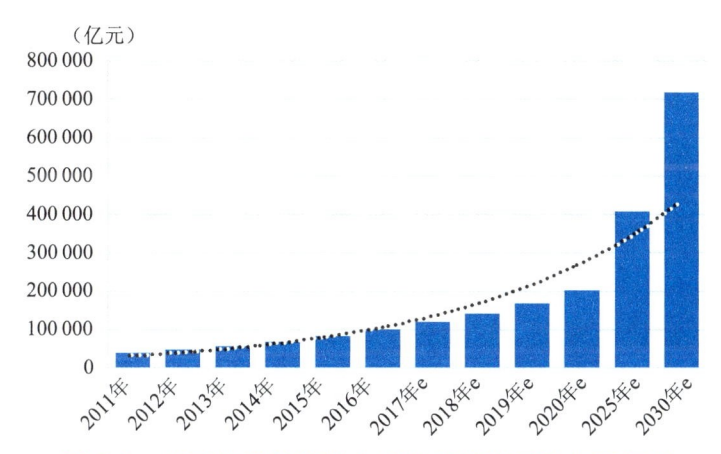

图 2-2　中国数字经济核心部分规模发展动态及展望

注:增加值口径;当年价。
数据来源:工信部:《中国电子信息产业综合发展指数研究报告》《"十三五"国家信息化规划》《软件和信息技术服务业发展规划(2016—2020年)》;国家统计局:历年《中国信息年鉴》及《中国电子信息产业统计年鉴》;赛迪智库:"电子信息产业系列白皮书",《中国大数据产业发展评估报告(2017)》;国家信息中心:《中国分享经济发展报告 2017》;艾瑞咨询报告;国务院:《新一代人工智能发展规划》;中国信通院:《中国信息经济报告》、历年《ICT 深度观察》;商务部:《中国电子商务报告(2016)》;中国电子商务研究中心:《2016 年度中国共享经济发展报告》;中国互联网信息中心:历年《中国互联网络发展状况统计报告》;课题组整理计算。

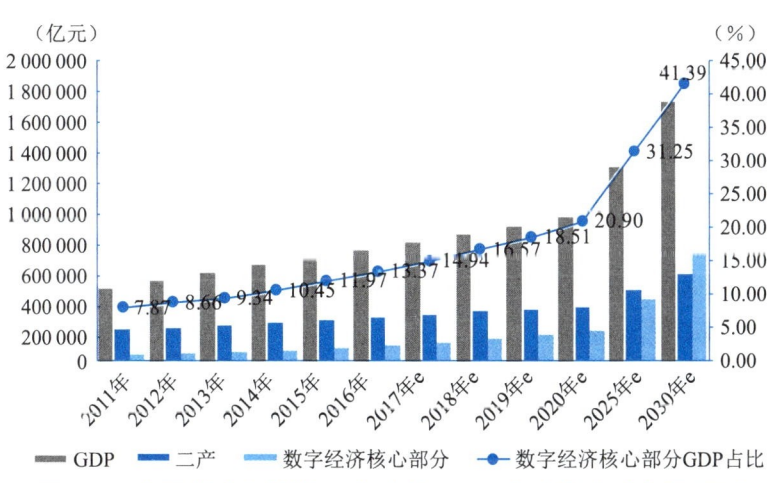

图 2-3　中国数字经济核心部分占 GDP 比重演进动态及预测

注:预测值采用 2016 年可比价计算。
数据来源:历年《中国统计年鉴》;课题组整理计算。

键亮点在于增速迅猛。"十二五"期间,在世界经济持续下行、中国国民经济增长放缓的背景下,数字经济核心部分平均年增速达到24.41%,高出GDP同期年均增速16.53个百分点。2016年,中国数字经济核心部分较上年增长23.74%,高于同期GDP增长19.19个百分点。"十三五"期间,随着大规模的"云网端"新基础设施投资和智能制造快速发展,数字经济核心部分将维持约23.04%的年均增速。"十四五"期间,数字经济将经历与制造业深度融合过程,增速有所放缓,维持在15.80%的年均增速。至"十五五"时期,中国经济结构转型完成,数字经济全面融入中国经济社会环境发展,平台经济业态成熟,数字化生产、消费、贸易、生活、政务成为社会主流,数字经济增速进一步放缓,年均增速为12%。

图2-4 中国数字经济拉动GDP增长及预测

注:采用可比价计算。
资料来源:课题组绘制。

——数字经济对经济增长贡献率显著提升。2016年,数字经济核心部分对 GDP 增长的贡献率达到 34.21%，比"十二五"初提高 24.61 个百分点。据课题组预测，数字经济核心部分对 GDP 增长的贡献率将持续上升，至 2020 年超过 55%，至 2025 年超过 60%，至 2030 年超过 70%。在研究过程中我们还发现，数字经济发展产生了显著的溢出效应，即数字经济核心部分对 GDP 的贡献远远超过其自身所占的 GDP 份额。"十二五"以来，数字经济溢出效应越发显著，2011 年为 1.72%，2015 年提高至 22.03%，2016 年为 20.84%，"十三五"期间溢出效应越发显著，有望维持 27.05% 的年平均水平。此后，随着数字经济与中国经济的融合程度进一步加深，数字经济的溢出效应将略微减弱。

图 2-5　中国数字经济对 GDP 增长的贡献率及溢出效应

注：采用可比价测算。
资料来源：课题组绘制。

——依托"云、网、端"新基础设施，互联网平台催生的新经济成为经济发展的新亮点。据统计，2016 年，中国"云、网、端"新基础设施规模达到 8.7 万元。其中,"云"规模实现约 3 000 亿元,是上年的 2 倍,包括云计算 2 797 亿元,①大数据②核心产业 168 亿元③;"网"规模发展到 2.4 万亿元,④"端"⑤接近 6 万亿元规模。

图 2-6　DT 基础设施发展

数据来源:工信部、赛迪顾问、信通院、中国大数据生态联盟;课题组整理绘制。

(三)优化供给结构

——数字技术的加快发展,构成了经济增长中日益重要的新兴产业,结构调整的增量效应突出。

——数字技术在传统行业中的渗透应用,正在加快催生传统动

---

① 数据来源:工信部、信通院、赛迪集团。
② 目前,国内的大数据统计口径尚未统一。据赛迪集团估算,2016 年,中国大数据服务层规模为 202.9 亿元,基础支撑层 1 335 亿元,融合应用层 1.3 万亿元。
③ 数据来源:中国大数据产业生态联盟。
④ 包括互联网接入服务、通信设备和物联网,未包括工业互联网基础设施投入。**数据来源**:信通院《2016ICT 深度观察》;新华社中国经济信息社。
⑤ 包括计算机、通信终端设备、传感器、智能制造、集成电路、工业软件。**数据来源**:赛迪顾问《电子信息产业系列白皮书》;中投顾问产业研究中心。

能焕发出新活力,产业内的结构升级效应显著。

数字技术应用加速了数字经济向制造业领域的渗透。首先体现在数字硬件规模的稳步扩张,2016年,制造业的数字经济渗透率达到约14%,数字经济率先渗透到生产迂回程度较小、跟消费者最接近的消费品制造业;2020年,智能制造示范工程取得实质性成果并具备复制推广的良好条件,数字经济开始向其他离散型制造业和流程型制造业扩散,制造业的数字经济渗透率将接近20%;2025年,主要制造业领域核心企业和主要行业的工业云平台建设完成,制造业数字经济渗透率将接近30%;至2030年,中国的制造业生态体系初步确立,各类工业平台和功能性平台发展成熟,制造业的数字经济渗透率有望超过40%,实现制造业生产、管理、采购、销售、研发的全面数字化转型。

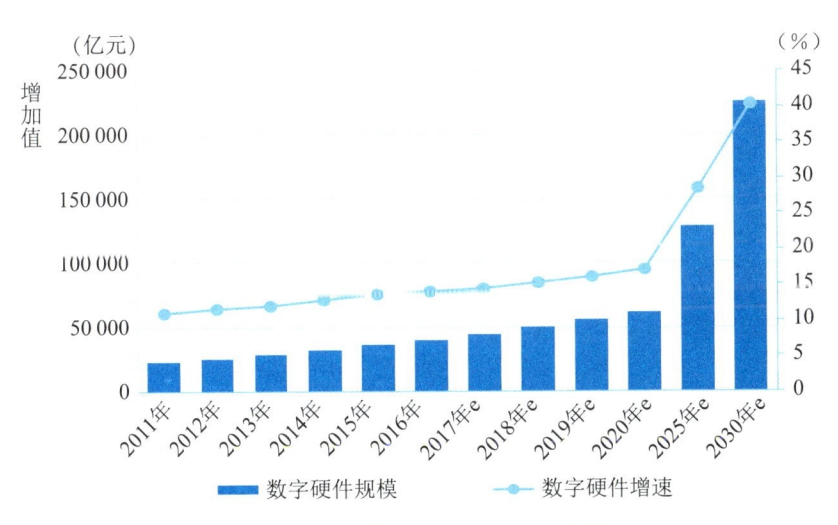

图 2-7 中国数字硬件发展情况

注:采用可比价测算。
资料来源:课题组整理绘制。

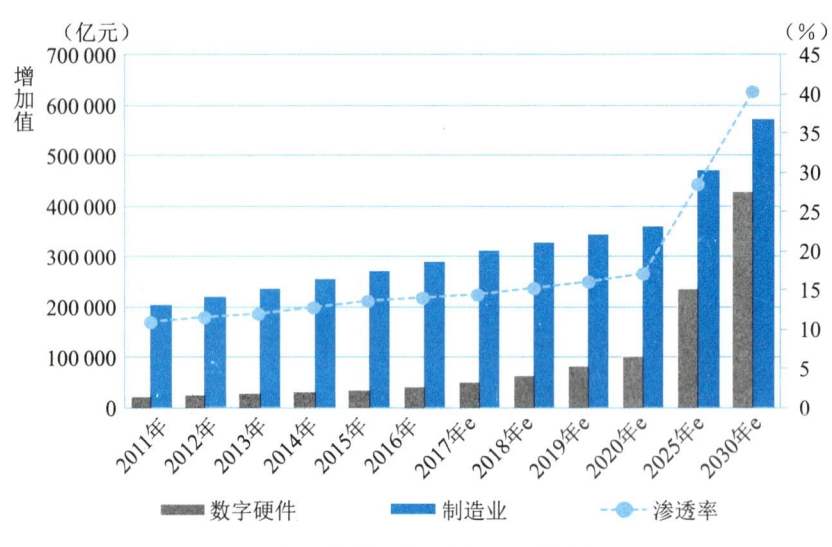

图 2-8　中国制造业的数字化渗透

注：采用可比价测算。
资料来源：课题组整理绘制。

同时，在数字技术的驱动下，传统制造领域已经涌现出协同化研发、柔性化生产、个性化定制、智能化生产等一批新模式，大幅提升了生产效率和产品质量，产业内的结构升级正在加速。

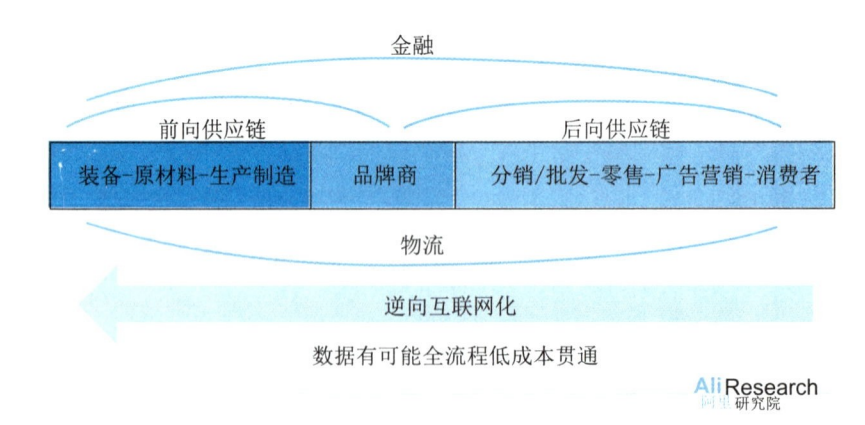

图 2-9　互联网对商业环节的渗透路径

资料来源：阿里研究院。

此外,数字经济"数据+算法+产品"的运作方式也在推动商业的智能化转型。以滴滴为例,通过大数据的精准分析和匹配,出行市场得到了很大改观。

——促进供需匹配,成为供给侧结构性改革的重要抓手。

云、数字供应链等数字管理方法的应用,提升了企业资源配置水平和生产效率,使传统企业在降成本、去库存方面收效显著,从而在很大程度上缓解了传统产业运营成本压力和转型升级压力。

互联网平台的发展,消除了市场上的信息不对称性,在供给端,把市场信号和消费者需求信息更快、更准确地传递到企业,促进线上线下频繁互动,企业通过按需生产、个性化定制实现柔性供给,大幅度提高生产效率,降低库存成本,与需求精准对接,同时,帮助企业实现交易成本节约和交易效率提升,促进供需精准匹配。在需求侧,数字经济让更时尚、更潮流的品牌消费、绿色消费进入公众视野,推动"消费再升级",进而倒逼供给侧升级。

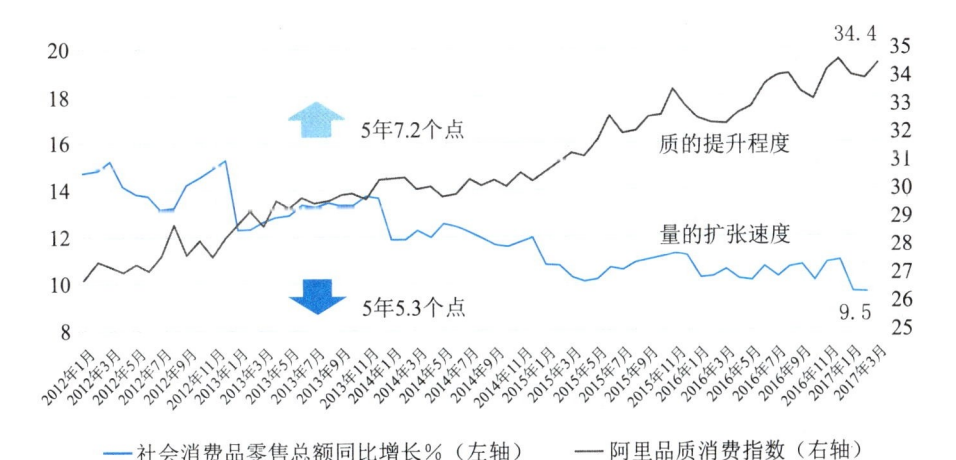

图 2-10 社会消费品零售总额增速与阿里品质消费指数

资料来源:阿里研究院《品质消费指数报告》,2017 年 4 月。

> **专栏 2-1　典型案例:阿里巴巴推进平台经济发展**
>
> 阿里巴巴平台为买卖双方提供了基础、标准的服务,大量个性化的商业服务,则由生态系统内各种各样的服务商所提供。目前,服务市场已聚集数万家服务商及服务者,为千万淘宝及天猫卖家提供服务,年交易规模数十亿,提供了包括店铺装修、图片拍摄、流量推广、商品管理、订单管理、企业内部管理、人员外包等相关服务与工具几十万个。

——依靠数字技术和平台,基于自有互联网、工业云平台或第三方平台网络化协同将分散的实体组织在一起。发展企业间协同研发、众包设计、供应链协同等模式,实现网络总体效益最优化,进一步促进数字经济和实体经济融合发展。

（四）推动分工深化

——以互联互通为基础,数字经济通过数据集成优化,持续推动分工体系从线性向网状转型。

——作为一种迂回生产方式,数字经济不断衍生出新的产业链环节,"众包"等新业态新模式的兴起,深化了产业专业化分工。

> 数字经济打造数字消费、数字投资、跨境贸易"新三驾马车",拉动总需求。

从需求视角看,以网络平台为基础、数字技术为支撑、数字内容为对象的消费需求日益昌盛,数字经济正加快发展形成消费、投资、跨境贸易的新需求,为经济增长"三驾马车"注入新的活力。

工业经济的链式分工体系

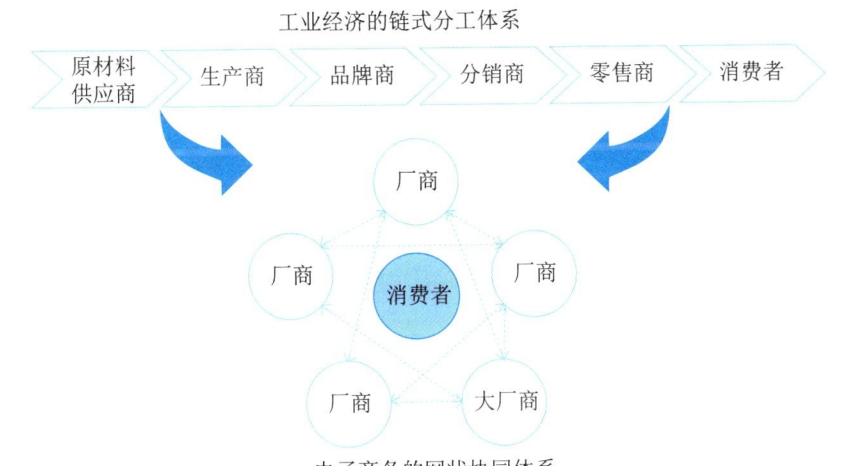

原材料供应商 → 生产商 → 品牌商 → 分销商 → 零售商 → 消费者

电子商务的网状协同体系

图 2-11　数字经济时代线性分工向网状分工转型

资料来源：阿里研究院《互联网＋：从 IT 到 DT》，2015 年 4 月。

第一，信息消费成为拉动内需的重要力量。

——中国具有大国大市场优势，在信息消费领域也同样具备消费群体大、市场需求高的特征。网络购物主体规模不断壮大，网上零售交易额继续保持快速增长态势，实物商品网上零售交易额占社会消费品零售总额的比例持续提高，拉动社会消费品零售总额增长。

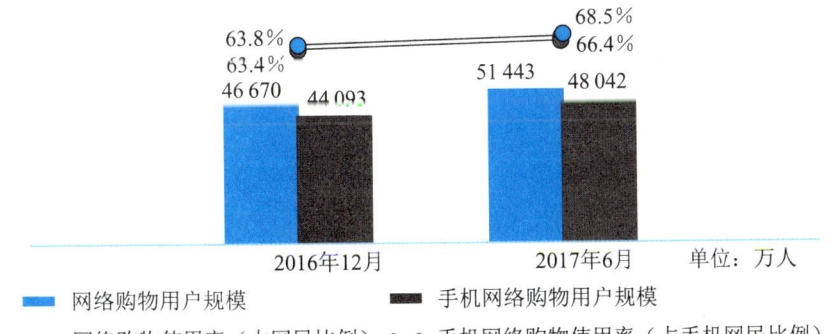

图 2-12　2016 年 12 月—2017 年 6 月网络购物/手机网络购物用户规模及使用率

资料来源：CNNIC 第 40 次《中国互联网络发展状况统计报告》。

图 2-13　中国电子商务交易总额及增长率

资料来源：国家统计局。

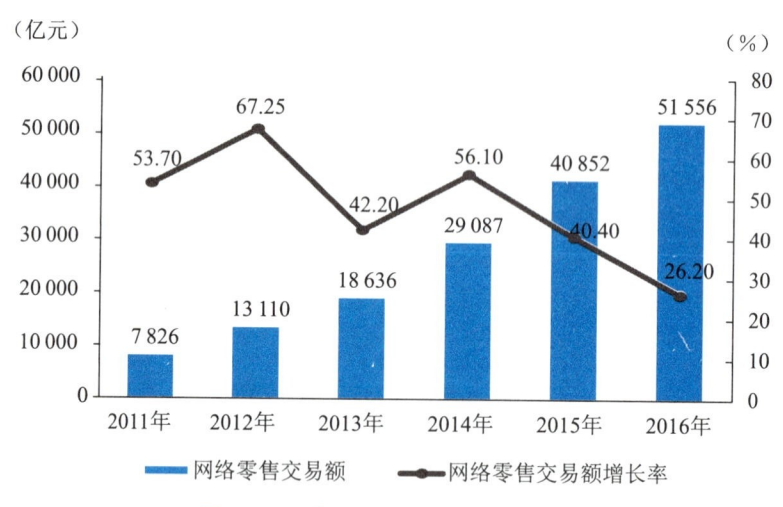

图 2-14　中国网络零售市场规模

资料来源：商务部《中国电子商务报告(2016)》。

——中国消费升级步伐加快，对品牌的消费需求在快速增加，消费品质则从低端到中高端转变。

进入数字经济时代，物质消费的增长逐步趋于稳定，而以数字内容、信息产品、信息服务等为主的市场需求持续快速增长,信息消费规模持续扩大,成为日益重要的新兴消费市场。

同时,网络购物市场消费正从低品质向中高端升级。根据中国互联网络信息中心的调查统计分析,目前中国网络购物市场消费升级特征进一步显现,用户偏好逐步向品质、智能、新品类消费转移,全球购、有机生鲜、智能家电等正在成为网购市场的热门关键词(CNNIC,2017)。

——无处不达的互联网、快递网等构成的新型商业基础设施,让搜索更便捷、购物更方便、物流更高效,三四线城市也可以买到一二线城市的产品。电子商务服务业市场规模不断扩大,成为近年来中国新经济发展的亮点。

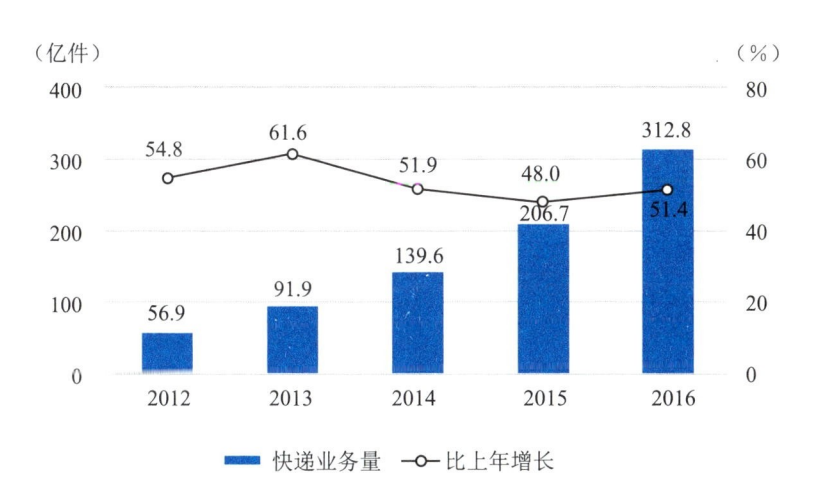

图 2-15 2012—2016 年中国快递业务量及其增速

资料来源:《2016 年国民经济和社会发展统计公报》。

——数字经济催生大量新兴信息消费内容,网络游戏、网络视频、网络广告等呈现迅猛增长态势。

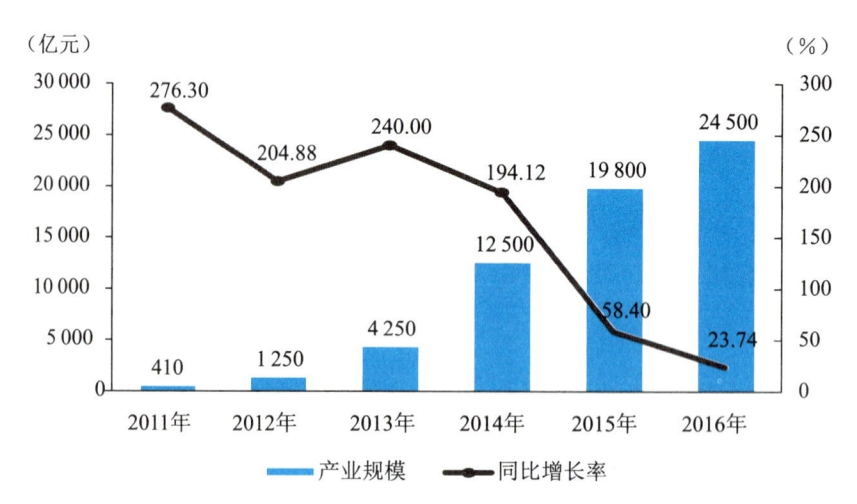

图 2-16　2011—2016 年中国电子商务服务业市场规模

资料来源：赛迪顾问、阿里研究院及艾瑞咨询；商务部《中国电子商务报告(2016)》。

图 2-17　2015Q1—2017Q1 中国网络游戏市场规模

资料来源：前瞻数据库。

图 2-18 2011—2018 年网络视频行业市场规模

资料来源：艾瑞咨询。

第二，在投资方面，新基础设施投资拉动效果显著。

数字经济时代，新基础设施由五大使能技术支撑，它们分别是：宽带、数据中心、云计算、大数据和物联网。其中，宽带是基础，除了为公司和个人提供高速互联网连接，帮助他们从事在线交易和分享信息之外，还将为云计算的普及应用提供起步和发展的基础平台；云计算是关键枢纽，是大数据和物联网发展的前提，云计算的普及与应用可以帮助企业和行业降低创新技术门槛，提升竞争和创新能力。从 IT 时代迈入 DT 时代，数字经济的新基础设施内涵也逐步演进，云、网、端成为数字经济 2.0 时期最为重要的新基础设施。其中，云是指云计算、大数据基础设施；网是指具备泛在连接、高负荷承载能力的互联网和物联网；而端则包括各类智能终端和 APP 软件应用。新基础设施与传统的农业、工业基础设施叠加融合，正在发挥越来越重要的作用。

——新基础设施投资布局加快。根据中国信息通信研究院测算,2016年,我国大数据核心产业规模达到168亿元,同比增长40%以上,大数据及开放数据对经济增长的增量贡献达到GDP的0.64%~1.14%。同时,消费互联网的创新创业风口已经过去,模式业态创新的活跃度逐渐趋于稳定。我国数字经济的驱动力正逐渐从模式业态的创新驱动加快转向技术创新驱动,云计算、大数据、物联网成为近年来资本市场追逐的热点,直接拉动产业和经济的快速成长。

——新基础设施投资有利于国家竞争力形成和创新能力提高。无论国家处于数字化转型的任何阶段,积极投资ICT基础设施,发展云服务,可以帮助该国更好的利用本土人才和现有资源,获得更多的经济增长和商业机遇。华为设计了全球联接指数(Global Connectivity Index,GCI)反映各国ICT基础设施发展情况并考察其对经济增长的重要性。其研究表明,2017年,GCI对经济增长有着重要关联。GCI得分提升1分,国家竞争力提高2.1%,国家创新力提高2.2%,国家生产力提高2.3%。

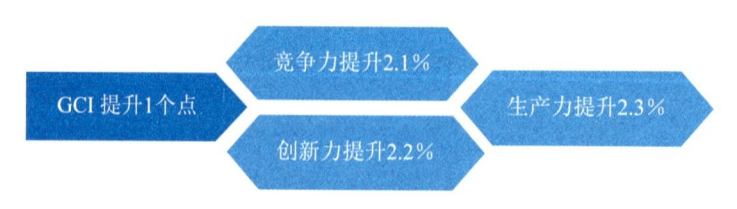

图 2-19 ICT基础设施与一国经济发展的关系

资料来源:华为(2017)。

而在ICT基础设施投资方面,华为研究团队聚焦更加积极的

ICT投资发展（例如，10%的额外云投资）可能产生对GDP的额外影响，在2016—2025年基线GDP预测基础上，综合考虑国家经济发展水平、市场和技术发展成熟度、五个核心技术之间的相互依赖关系、国家数字化发展程度等因素，建立ICT基础设施投资经济影响模型。他们的研究发现，连续每年额外10%的ICT基础设施投资对GDP增长具有倍增效应：2016年每额外增加1美元的ICT基础设施投资，可以增加3美元GDP回报；到2020年，这一回报增长达到3.70美元，到2025年为5美元。以此预测，累计到2025年，全球经济增长潜力增加至17.6万亿美元。

图 2-20　ICT基础设施投资增长对GDP增长的倍增效应
资料来源：华为（2017）。

第三，跨境贸易推动买全球、卖全球。

世界经济论坛（World Economic Forum）的报告《增强全球贸易和投资体系，获得可持续发展》显示，国家的互联网使用率每提升10%，就能促进国家之间的商品贸易增长0.4%。2016年，中国跨境电商平台交易额达到6.7万亿元，[①]占同期中国货物贸易进出口总额的29.17%，较上年增长24%，增速高于中国进出口总额24.9个百分点。到2020年，跨境电商交易额将占中国进出口总额的

---

① 中国电子商务研究中心：《2016年度中国电子商务市场数据监测报告》，http://www.100ec.cn。

37.6%,跨境电商已经成为我国经济发展的助推器。[①]至2046年,我们将告别一般贸易,80%的全球贸易由小企业和个人主导。[②]

在出口方面,数字贸易蓬勃兴起,通过跨境电商平台实现的出口额持续增长。中国电子商务研究中心监测数据显示,2016年中国出口跨境电商交易规模达到5.5万亿元,同比增长22%,占跨境电商交易总规模的82.1%。

在进口方面,跨境电商平台帮助中国消费者直接与海外商家连接,实现买遍全球,2016年每个中国消费者平均购买了2个国家的商品,而最活跃的中国消费者购买了18个国家的商品(阿里研究院,2016)。

> 数字经济财政效应显著,间接拉动总需求。

数字经济产业的规模扩张为国家财政收入产生了积极影响,创造了明显的财政效应。表现为:云计算、大数据、物联网等新技术新产业如雨后春笋般涌现并迅速发展壮大,在原有基础上由无到有地新增了税源,而随着新兴产业规模的扩大,税源规模也将同步扩张。

数字经济已成为带动中国经济增长的核心动力,数字经济总体规模呈逐年上升趋势,随着数字经济规模占GDP的比重逐年增加,为税收收入的逐年增长也起到了积极的作用。

数字经济的发展创造了巨大的经济增量,拓宽了税基。此外,由此引致的消费增量所带动的上游生产制造、批发增量、物流增量

---

① 资料来源:埃森哲保守估计。
② 资料来源:阿里研究院预测。

等也产生了较大税收贡献。

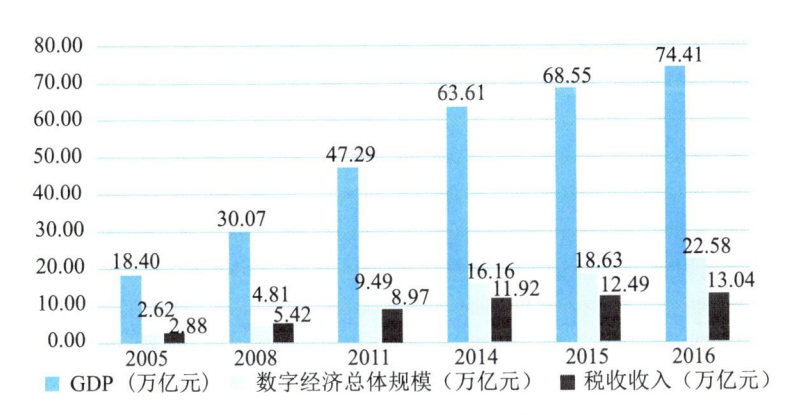

图 2-21 中国数字经济总体规模增长情况

年份	GDP（万亿元）	数字经济总体规模（万亿元）	税收收入（万亿元）
2005	18.40	2.62	2.88
2008	30.07	4.81	5.42
2011	47.29	9.49	8.97
2014	63.61	16.16	11.92
2015	68.55	18.63	12.49
2016	74.41	22.58	13.04

数据来源：《中国统计年鉴》《中国数字经济发展白皮书（2017年）》。

表 2-4 数字经济促进物流繁荣及税收增长 （单位：亿元）

快递企业名称	速运物流收入	利润总额	企业所得税额
顺丰控股①	571.41	51.91	10.30
申通快递②	97.59	16.91	4.32
圆通速递③	163.54	13.72	4.59
中通快递④	97.89	28.20	7.63
韵达速递⑤	73.5	15.93	3.94
合　　计	1 003.93	126.67	30.78

就对受电商的驱动而迅速崛起的快递行业举例而言，2016年，

---

① 数据来源：《顺丰控股股份有限公司2016年年度报告》。
② 数据来源：《申通快递股份有限公司2016年年度报告》。
③ 数据来源：《圆通速递股份有限公司2016年年度报告》。
④ 数据来源：https://www.sec.gov/Archives/edgar/data/1677250/000110465917026948/a17-1334_120f.htm#NOTESTOCONSOLIDATEDFINANCIALSTAT_083410。
⑤ 数据来源：《韵达控股股份有限公司2016年年度报告》。

中国一定规模以上快递企业物流收入约为1 003.93亿元,实现的利润总额为126.67亿元,创造的企业所得税效应约为30.78亿元。

同时,就部分互联网企业所创造的某些税收而言,其增长大于全国税收的平均增长。根据互联网企业的线上销售额、规模、行业影响力同时参考阿里巴巴公布的双十一各类别产品销售排行榜,选取排名前列的几家公司。考虑到上市公司数据准确性较高,优先筛选出排名前列的上市公司,从上市公司的财务报表及招股说明书中摘取所得税数据整理如图2-22所示:

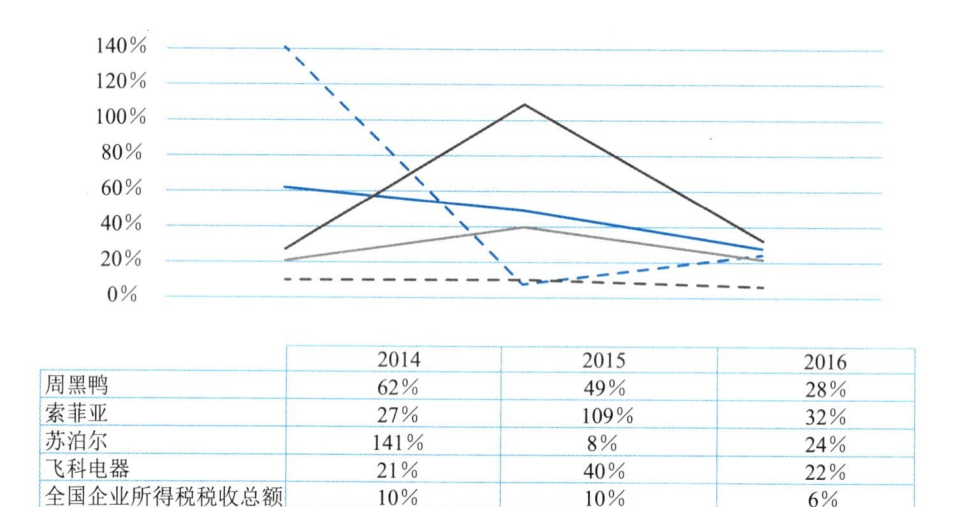

	2014	2015	2016
周黑鸭	62%	49%	28%
索菲亚	27%	109%	32%
苏泊尔	141%	8%	24%
飞科电器	21%	40%	22%
全国企业所得税税收总额	10%	10%	6%

图2-22 2013—2016年企业所得税贡献增长率图

由图2-22可知,所选取的各品牌公司样本的企业所得税保持逐年增长,且高于全国企业所得税总额的增长率。近几年数字经济的高速发展不仅带动了互联网等数字公司的发展,还带动了相应纳税额的增长。除上述几家公司外,三只松鼠从2012年12.5万元纳税额增长至 2016 年的超 1.5 亿元，汇美集团（茵曼）从 2013 年的 5 555 万元纳税额增长至 2015 年的 9 558 万元，中通快递从 2014 年的 20 248 万元增长至 2016 年的 73 199 万元，上述 3 家企业的税收贡献保持了高速增长，不仅超过了全国税收的年增长幅度，也远远超过了大多数传统行业的税收贡献增速。

二、创新效应

当前，数字技术应用和产业化步伐逐渐加快，在数字经济加快向其他产业和社会领域融合渗透，提升经济发展空间的同时，也开启了崭新的创新道路，推动经济社会发展由工业化阶段的工业技术创新路径向数字技术主导的创新之路跃迁，引领经济社会全面创新转型。

在数字经济社会，创新主体、创新速度、创新领域、创新模式都发生了深刻变革。在数字平台的作用下，创新生态系统正在形成：创新门槛不断降低，促使创新主体从由工业技术、企业、科研机构主导走向与个体创新、大众创新和小微创新交融的更具包容性的创新主体结构，创新模式也由垄断竞争下的封闭式创新转向开放合作竞争下的开放式创新；同时，遵循摩尔定律[1]和梅特卡夫定律，[2]数字技术进步和迭代创新速度不断加快，应用成本迅速降低，推动经济社会的创新领域也在不断扩大，从工业经济领域主导扩展到服务、农业、生物、能源、环保领域，创新的周期越来越短，创新的频次在提

---

[1] 数字技术能力提升遵循摩尔定律，每 18 个月综合计算能力提高一倍，存储价格下降一半、带宽价格下降一半。
[2] 随着接入网络的用户和设备的数量增多，数字经济将呈指数型增长，推动数字经济快速成长。

高,创新试错的风险有所降低。

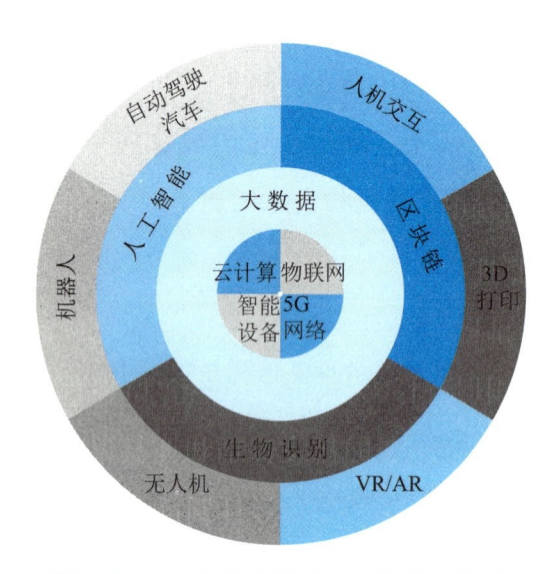

图 2-23　支撑数字经济 2.0 的技术分布

资料来源:阿里研究院,2017 年。

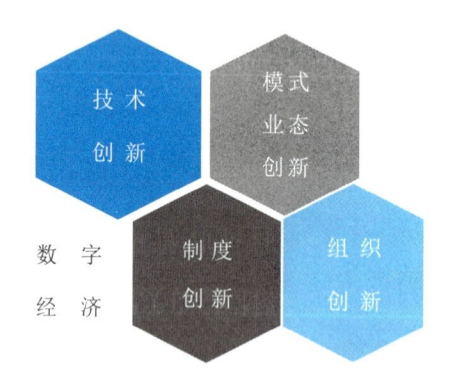

图 2-24　数字经济促进经济社会创新发展

资料来源:课题组绘制。

(一)技术创新

21 世纪以来,以物联网、大数据、云计算、移动互联网等为主的新一代信息通信技术迭代创新加速,成为全球创新活跃的领域之一,也成为各行业各领域技术进步最重要的来源。一方面,数字技术自身创新活跃,是近年来国民经济各产业中创新速度最快、成果最多的领域。例如,在无人驾驶汽车领域,谷歌、Uber、特斯拉、Intel 已经走在商业化的路上,谷歌把无人驾驶汽车部门从 X 实验室分离出来成立了专注于该领域的 Waymo 公司,Uber 的无人驾驶汽车已经在路上开始试运行。IEEE 报告预测,到 2040 年,全球上路的汽车总量中,75%将会是无人驾驶汽车。2016 年 3 月,阿里巴巴集团正式上线智能客服机器人"阿里小蜜",基于语音识别、语义理解、个性化推荐、深度学习等人工智能技术,成为会员的购物私人助理,让会员专享 1 对 1 的客户顾问服务、全程陪伴式、安全有保障的购物体验,大幅提高了服务质量。另一方面,数字技术属于典型的通用目的技术,其创新突破与渗透应用,正在加快推动各行各业的技术进步。近年来,我国移动互联网、物联网、云计算等创新步伐加快,在其他领域的融合创新,催生车联网、智能电网、移动支付、移动医疗、远程教育、智慧家庭等新技术新模式。例如,采用智能仪表、智能检测等设备和技术打造的智能水务可及时发现并修复水管漏损问题,大幅降低城市供水系统漏损率。浙江省高级人民法院在全省 105 家法院全面上线由阿里云人工智能 ET 提供技术支持的智能语音识别系统,能够快速、准确地完成庭审记录,试点准确率已高达 96%。此外,以互联网技术为支撑,催生的众创空间、开放式创新平台等正在变革技术创新的组织模式,通过集聚众智、利用外脑,大幅提高了技术创新效率。

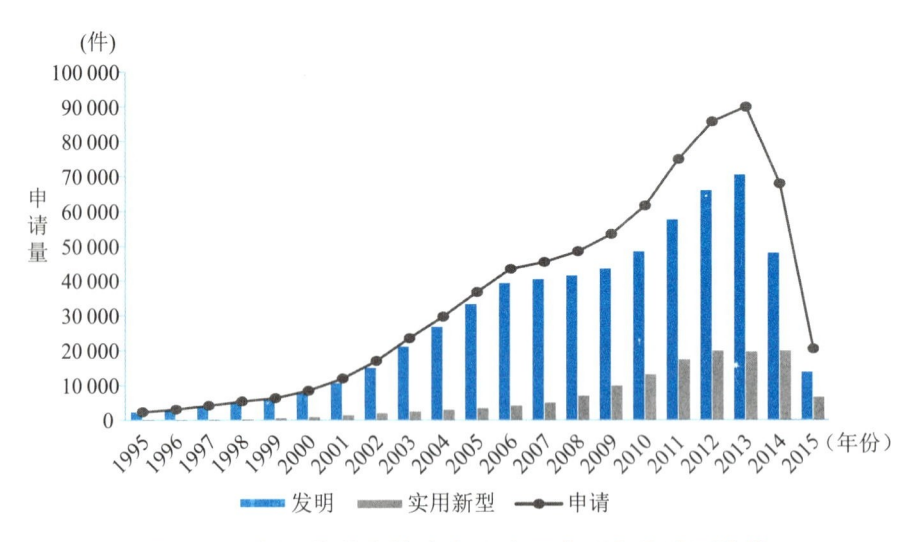

图 2-25 新一代信息技术产业中国专利申请类型趋势

资料来源：国家知识产权局：《新一代信息技术产业专利技术动向分析报告》，2016年。

（二）制度创新

数字技术的创新应用，正在带来经济社会、生产生活等方方面面的变革，甚至是颠覆，这让建立在工业化时代生产力、生产关系基础上的各类财政、税收、法律、监管等体制机制越来越不适应发展需求。目前，以数字技术为核心的新型生产力迅猛发展，催生的新技术、新产业、新模式、新业态蓬勃扩张，正在倒逼生产关系的适应性调整，推动工商、税收、质检、监管等制度创新。例如，在税收制度方面，分享经济的加快成长，让灵活就业、多元收入的人员越来越多，带来了纳税主体、计税依据难以确定等问题。又如，在工业化时代并不存在明显的数据产权、数据安全等问题，但是在数字经济时代，数据已经成为十分重要的生产要素和事关企业、产业甚至是国家安全的重要战略资源，创新数据安全管理制度、加强数据流动与安全监管已经成为国家重要的制度变革内容。

（三）组织创新

数字经济既是数字技术加速创新与渗透应用带来的供给侧变革，也是满足市场需求多样化、个性化、智能化演进升级的必然要求。在数字经济时代，企业要适应灵活多变的市场需求，就必须打造敏捷的生产流程、高效的企业管理、智慧的营销服务，利用数字技术和网络平台，越来越多的企业实现了组织结构的创新变革，极大提升了企业的管理能力。传统的企业组织结构受制于信息传递和控制能力的制约，呈现出典型的金字塔型结构，信息技术则大幅提升了信息传递速度和准确性，为个人管理能力和管理效率的提升赋能，使企业组织层次大幅减少，从金字塔型组织结构向"大平台＋小前端"的扁平化、动态网状组织结构转型。例如，海尔集团利用信息技术搭建了"支持平台＋小微组织"的创新组织结构，利用网络手段集聚线上线下、供应链上下游等各方资源，将企业原有被动执行生产经营计划的员工转型为创客，在企业内部成立 2 000 多个小微组织，正在实现从传统家电制造商向创新型企业组织的转型。

（四）模式业态创新

数字经济 2.0 时代，消费者的个性化、多样化需求变得日益重要，以消费者为中心的 C2B 模式已经成为最为关键和重要的模式业态创新。一方面，移动互联网、大数据等数字技术首先在消费领域实现了广泛渗透与深度融合，催生了电子商务、O2O、分享经济、互联网金融等大量新模式新业态，并迅速成长为新兴经济增长点。余额宝设立仅 4 年就成为全球最大货币市场基金，其成功的关键在于通过模式创新,从客户生活和平台生态中寻求需求和机会,用互联网体验满足需求,把简单留给客户,把复杂留给自己,用互联网技术和方法降低成本,提高效率和服务能力,坚守金融本职,促进健康融合。根据国家信息中心统计数据,2016年,我国分享经济市场规模达34 520亿元,实现同比增长103%;其中,生活服务、交通出行、知识技能、房屋住宿等领域分享经济均实现迅猛增长。另一方面,数字技术在生产领域的渗透应用,催生了个性化定制、网络化协同、智能化制造等先进生产模式,大幅提升了企业的生产效率和质量,成为制造业转型升级的主要方向。例如,从事传统服装制造的红领集团,顺应市场多样化、个性化升级需求,利用大数据、工业机器人等新技术完成了生产线的柔性化和智能化改造,实现了生产全过程的自动化控制和管理,成为业界成功转型的标杆。

(五)税收创新

随着数字经济产业的不断发展壮大,数字经济及其相关产业已经构成了税源的极大组成部分,现行某些税收制度及征管手段或已经不能适应当下数字经济及其相关产业的发展,因此,中国的财政税收制度需要创新,要对现行制度作出调整。历史发展进程总是表现出阶段性特征,税收制度创新也会因阶段性改革创新而呈现螺旋式发展趋势。这些创新包括:一是构建现代化税收征管体系。构建现代化税收征管体系具有丰富的内涵和非常明显的时代特征。由于税源管理的复杂性决定了税收征管方式的多样性,地区经济水平差距决定了管理手段的差异性,经济社会发展的转型期决定了征管改革发展的阶段性。二是明晰征纳双方权利和义务。税收征管基本程序是构建现代化税收征管体系的关键,是促进税法遵从的制度保障。没有程序的规范,就没有征收管理的规范,地税机关内部工作职责和流程的设置就不会科学合理,征纳双方的权利义务就容易混淆,也无法有效促进税法遵从。依法清晰界定征纳双方的权利和义务,并确定相应的法律责任,重点是确定纳税人自觉自主缴纳税收的法律地位。以此为前提进行征管制度设计,开展征管活动。三是以推行专业化管理为基础,如建立分类分事项分级专业化团队管理,对纳税人实行分类管理,分大企业管理、中小微企业管理、个体工商户管理、个人纳税人管理,对会计制度不够健全或管理水平较低的中小微企业实行简便的税务处理和征管措施。四是以信息化为支撑,充分应用信息技术科学发展成果,以信息应用系统作支撑和保障,大力推进税收管理信息化建设,全面实施"信息管税"。信息化贯穿于税收征管的全过程,将对税收征管发挥着技术支撑、信息支持和业务引领的重要作用。充分利用信息化手段建立覆盖广泛、布局合理、反应灵敏、运转高效的收集网络多渠道采集涉税信息。注重涉税信息的综合加工,注重信息的综合加工,加强信息的鉴别和筛选,建立信息沟通会商研判与核实机制。以信息管税为主导,打造信息数据处理和分析应用的数字化、网络化、一体化平台。

三、社会效应

(一)就业效应

2017年4月5日,李克强总理在国务院常务会议上指出,就业是13亿多人口最大的民生,要坚决打好稳定和扩大就业的硬仗。

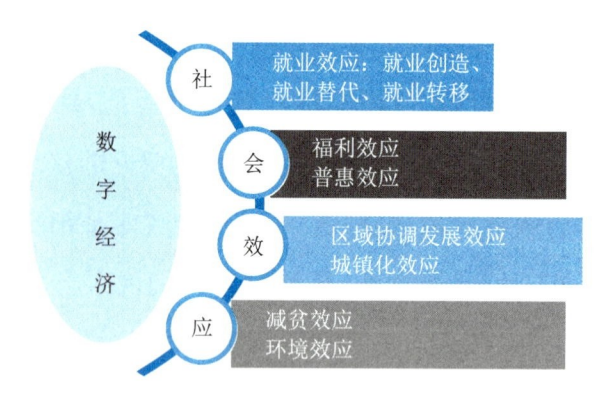

图 2-26　数字经济促进社会转型发展

资料来源：课题组绘制。

目前，互联网、云计算、大数据、物联网、人工智能等数字技术正加速渗透应用到经济社会各领域，带来了就业总量、就业结构和就业生态方面日益深刻的变革。现有研究成果表明，数字经济加快发展的就业带动效应正在逐步显现。2017年1月，美国波士顿咨询公司发布《迈向2035：4亿数字经济就业的未来》报告，认为数字技术的广泛应用将给就业生态带来颠覆性影响。根据预测，到2035年，我国数字经济规模将接近16万亿美元，数字经济渗透率达到48%，带动的总就业容量高达4.15亿，其中仅阿里巴巴带动的国内就业规模就将超过1亿。从理论视角看，数字经济发展带来的就业效应可分解为如下几个方面：

（1）数字经济重新定义就业。工业经济向数字经济的转型，正在动摇就业的概念，零工经济逐步盛行。在工业经济时期，公司是吸纳就业的绝对主力，员工与公司间存在单一固定的雇佣关系，"公司+雇员"是典型的就业模式。在数字经济环境下，市场需求日益个性化、多样化,要求企业以柔性的组织结构、弹性的人力资源雇佣模式来应对,各类承载灵活就业的平台成为新生就业载体,每个人都可以在多个平台上提供服务,工作地点、工作时间、工作内容、雇用期限等的弹性化成为就业的新趋势,"平台+个人"正在成为典型的就业形态。

(2)就业创造效应。近年来,中国迅猛发展的数字经济创造了大量新增就业岗位,成为经济变速换挡时期就业规模总体稳定的重要支撑。一方面,互联网、云计算、大数据、物联网、人工智能等信息通信技术的创新突破与加快成长,直接催生了大量高质量的新增就业岗位。目前,中国对大数据、云计算、物联网、等人才需求与日俱增,高端人才需求缺口不断扩大。根据2017年2月教育部、人力资源和社会保障部、工业和信息化部印发的《制造业人才发展规划指南》预测,到2020年和2025年,中国新一代信息技术领域的人才缺口将分别高达750万人和950万人。另一方面,各类先进信息通信技术在各行各业的广泛渗透应用,正加快推动传统行业的数字化、网络化、智能化转型。在此背景下,既懂互联网技术,又精通传统工业技术的融合性人才成为传统企业转型升级的关键,大量融合性人才的市场缺口也持续扩大。此外,电子商务助力创新创业,为全社会创造了大量就业机会,据测算,2016年,中国电子商务直接和间接带动就业达3 760.43万人。淘宝网商、微商、电商快递、城市配送及共享经济等电子商务企业为全社会提供了更为灵活的就业方式和更加丰富的就业机会。以阿里巴巴平台为例,提供的就业机会达3 083万,网络零售年增长25%以上,网络零售价格指数低位运行,云计算、大数据业务季度增长甚至高达100%、200%。阿里研究院预测,至2036年,我们将告别8小时工作制,有50%的劳动力通过网络自我雇用和自由就业,60%制造业领域的重复、枯燥、繁重劳动将被人工智能机器人取代。

工作　职业	工作　雇佣
边界模糊	分离、去雇主化
供给　需求	学历、年龄、性别、是否专职
即时性　零交易成本	公平、包容

图 2-27　就业"再定义":公司＋雇员——平台＋个人

资料来源:郝建彬,阿里研究院。

(3)就业替代效应。先进数字技术广泛融入各行各业,推动过去机械化、自动化的产品和服务生产方式加快向智能化、无人化转型,中国正在兴起越来越多的智能车间、无人工厂,催生智能电网、智慧水务、智慧警务、智慧城市等新兴模式和业态。据美国信息技术与创新基金会(ITIF)的调查数据分析,在一些自动化导致价格下降但并不足以带来更多需求增长的行业,自动化将产生就业替代效应,这些特定行业的就业机会将减少。目前来看,企业是否采用机器来替代劳动力,关键在于成本效益的比较,总的趋势是那些"不受欢迎"的岗位最先被机器自动化所替代。随着先进数字技术的加快发展与渗透应用,各行各业对高端人才的需求日益走强,而对中低端劳动力的需求逐渐萎缩,全社会呈现出明显的高质量岗位替代中低端岗位趋势。例如,亚洲最大的水转印厂商之一——东莞广泽汽车饰件有限公司,用 15 台机器人组成一条贯穿"静电、除尘、转印、喷涂、搬运"等一系列工序的全自动化生产线,过去需要 80~100 人两班轮流运转才能完成的工序,现在只需要 15 台机器人＋10 个操控人员即可完成,用 10 个新的高质量就业岗位替代了原来 80~100 个中低端的就业岗位。

图 2-28　2014—2016 年中国电子商务就业情况

资料来源:电子商务交易技术国家工程实验室、中央财经大学中国互联网经济研究院。

（4）就业转移效应。新兴数字技术在加速自动化、智能化进程,逐步用机器替代劳动力的同时,也通过创造大量新兴岗位、催生新兴业态广泛吸纳就业。一方面,随着技术进步与需求升级,新兴技术催生的就业岗位必然替代传统就业岗位。根据 ITIF 的研究报告,从 2010—2015 年,大约每消失 10 种工作岗位就会创造 6 种与技术相关的工作岗位。另一方面,新兴技术应用催生的大量新模式新业态,正在以新的方式来满足传统的市场需求,这会改变过去的就业形态。目前,利用先进数字技术催生的各类共享经济平台的快速成长,已经彰显出对中低端甚至是高端劳动力的强大集聚力。不管是被机器替代或高素质人才替换出来的中低端劳动力,还是拥有大数据、云计算等设计研发一技之长的高素质人才,都能在数字经济时代获得更多就业渠道和灵活就业方式。《2017年关于滴滴就业情况调查报告》显示,截至2017年4月,滴滴出行平台已为1 330万司机提供了就业机会,其中包括下岗工人、退役军人、艰苦创业者等群体。又如,猪八戒网平台聚集了超过1 300万有专业技能的人才和机构,成为大量专业设计人才实现创业就业的新载体。

(二) 福利效应

数字经济的加快发展,将使越来越多的人与人、人与物、物与物紧密相连,构建出一个万物互联的社会新生态,不仅给大家创造了更多增收渠道,而且极大地便利了人们的生产生活。一方面,数字经济创造了大量新增工作需求,尤其是分享经济的迅猛发展不仅带来了兼职增收的广阔渠道,而且也提供了闲置资产流转变现的市场空间,成为百姓提高收入、改善生活的重要方式。另一方面,移动互联网、物联网、智能手机等技术与设备的应用普及,让人们足不出户就能通过网络进入购物、订餐等各类消费场景,共享单车、智慧医疗等模式的快速发展,则让出行、就医等日常基本需求得到高效满足,极大地便利了百姓生活。

根据邮政局统计,2016年,中国快递量达313亿件,同比增长51.7%,其中网络购物产生的快件量占快递业务总量的近六成。目前我国互联网医疗用户规模已达1.95亿,有1 200多家医院支持微信挂号,累计为患者节省时间超过600万小时。此外,微信、微博、论坛、微课堂、微视频、网络游戏等社交网络与"微经济"加快发展，不仅给人们开拓了更宽广的学习渠道，而且日益丰富了百姓的业余生活。2016年，微信、QQ和百度地图的中国用户量分别达到10.03亿、9.78亿和6.56亿，极大地丰富了人们的社交生活。根据CNNIC第39次《中国互联网络发展状况统计报告》，截至2016年12月，中国网络视频用户规模达5.45亿，网络视频用户使用率达到74.5%，随着网络提速降费的推进，网民使用微信、微博等APP观看视频已经成为普遍行为。

（三）普惠效应

在数字经济时代，互联网的渗透水平已经横贯东西、覆盖城乡，几乎无孔不入，"一点接入，全网服务"的网络普惠效应发挥得淋漓尽致。在数字经济2.0环境中，"人人参与、共建共享"，实现了普惠民生、普惠科技、普惠小微（创业）、普惠金融和普惠贸易。

(1) 普惠民生。网络基础设施加快完善，让越来越多的人享受到互联网最新技术和产业发展带来的成果。根据CNNIC统计，2016年，中国网民已达7.31亿，互联网普及率达到53.2%，网民规模相当于欧洲人口总量。"触网"让越来越多的人能够依靠网络创业、就业，也能让更多的人通过网络获得自己喜欢的产品和服务。例如，阿里巴巴零售平台创造就业岗位超过3 000万，让31.6万残疾人在平台上开店；目前"全球速卖通"平台已覆盖全球220个国家和地区，海外买家突破1亿。

(2) 普惠科技。以云计算为代表的按需服务业务形态使得个人及各类企业可以用很低成本就轻松获得所需要的计算、存储和网络资源,而不再需要购买昂贵的软硬件产品和网络设备,大大降低了技术门槛,根据阿里研究院测算,云计算的使用可以使企业使用IT的成本降低70%,创新效率提升3倍。

(3) 第三,普惠小微(创业)。数字经济降低创新门槛,催生新技术新模式,惠及中小企业、促进创新创业等。例如,互联网金融迅猛发展,在惠及中小企业方面已经显现出良好效果。截至2016年6月底,网商银行累计提供超过1 400亿元信贷服务,惠及170万家小微企业。又如,借助于云计算,中小企业无需进行大额投资,也能获得先进的技术,大幅度降低了中小企业和创新创业者的成本。根据测算,从传统模式转型到云计算模式,中小企业运营成本至少可以节省50%。麦肯锡报告《数字全球化:全球流动新阶段,欧盟、经合组织的中小企业经济贡献现状和数据》指出,采用数字联接的中小企业收入增速提高了2~3倍,收入增长达22%。

(4) 普惠金融。以互联网信用为基础的新型信用评分模型对于普惠金融的实现具有不可替代的作用。通过大数据统计概率计算,可以使得不同风险的个体得到精准的风险评估,从而能够匹配差异化的金融信贷服务,让更多的个体享受到适合其各自风险特质的金融信贷服务。据网商银行业务团队的计算,假设不良总金额保持不变,如有新型信用评分模型的支撑,那么可授信的客户数量将大幅提升。可授信的企业类客户数量将增长360%,为原有数量的4.6倍;可授信的个人类客户数量将增长1 600%,为原有数量的17倍。此外,网商银行创新出"310"贷款模式,小微企业主只需要花3分钟在网上填写申报材料,1秒钟实现贷款到账,且整个过程中零人工干预。目前,"310"贷款模式服务小微企业的数量已突破500万家,累积贷款总额超过9 000亿元。

(5)普惠贸易。在全球贸易领域,跨境电商快速发展、eWTP理念得到越来越多人的认同,数字经济2.0为全球带来了普惠贸易的全新局面。通过自由、开放、通用、普惠的全球跨境电商贸易平台,亿万消费者可以买全球,大量中小企业可以卖全球,真正实现了全球连接、普惠贸易。根据阿里研究院分析,目前中国中小外贸企业数量将近500万户,这些中小外贸企业完成了中国约60%的对外贸易总额,跨境电商平台为中小企业加快发展提供了难得的开放红利。预计2020年,中国跨境电商市场交易规模将达12万亿元,在2015—2020年间,复合年均增长率有望达到20.1%。

图2-29 中国跨境电商交易额、进出口总额变化情况

资料来源:阿里研究院:《普惠发展和电子商务:中国实践》。

(四)区域协调发展效应

以互联网为基础的数字技术推动万物互联,促进信息流带动技术流、资金流、人才流、物质流,助力区域间资源优化配置和供需精准对接,为区域协调发展提供了新技术、新平台、新路径。广泛利用东部地区先行企业提供的 SaaS、PaaS 和 IaaS 等云服务,欠发达地区企业可以大幅降低数字技术应用成本,加快推动传统产业的改造升级,实现对发达地区的追赶。互联网驱动产业向平台化、生态化转型,通过众包平台、开放创新平台、工业互联网平台等载体在线整合利用全球创新资源,欠发达地区既能大幅提升创新发展能力,也能实现与发达地区间紧密的产业分工配套。通过"从无到有"全面引入数字化、网络化、智能化生产管理系统,欠发达地区有机会通过打造新兴数字产业加快缩小区域发展差距,如贵阳打造的大数据产业已经凸显出后发优势。

(五)新型城镇化效应

数字经济时代,以小城镇为中心的分布式城镇化模式逐渐替代了过去以中心城市为核心的集中式城镇化,以农民就地城镇化、农民工返乡创业城镇化为典型特征驱动的小城镇正在加快涌现。以沙集镇为典型,农民围绕家具产业,利用电子商务平台开设网店,集聚形成了全国知名的家具产业集群,不仅解决了就业难题,而且逐渐发展形成特色小城镇。目前,全国依靠电子商务已经自发形成了大量淘宝村,衍生出了新型城镇化模式。在这些新型城镇化过程中,年轻人返乡创业成为关键驱动力量,过去由农村走向城市的传统城镇化模式,正在转变为由中心城市反哺农村实现就地城镇化的模式。

(六)减贫效应

互联网拉近了市场供需,让生产者和消费者在网络平台上面对面,拓展了偏远山区和贫困地区农产品、手工艺品等的市场渠道,网络扶贫、减贫效果显著。2013年,国家提出"精准扶贫"理念,阿里巴巴积极响应国家号召,在2014年成立了农村淘宝平台,并推出"农村电商五年计划",用5年时间投资16亿美元在国内建立10万个农村淘宝服务站。依托农村淘宝战略,阿里巴巴逐步建立完善农村电商基础设施和服务体系,探索电子商务在帮助贫困地区节支增收、创业创新、农村推进城乡建设的新路径、新模式,加快脱贫致富步伐。根据统计,截至2015年年底,农村淘宝已经在25个省份、260余个县落地,其中入驻国家级贫困县62个、入驻国家级贫困村1977个。2016年1月,阿里巴巴年货节期间,农村淘宝协助陕西、山东、贵州以及赣州将当地优质农产品上网销售,其中,陕西洛川苹果在阿里平台上线11小时卖掉18万斤,相当于当地最大苹果电商一年的销量,为当地农户实际增收超过20%;赣南脐橙累计销售超过50万斤,为当地人增收40%。

四、环境效应

数字经济的加快发展,在变革生产、生活模式的同时,也带来了显著的节能降耗与绿色发展成果。一方面,互联网等技术的融合渗透,大幅缓解了供应链上下游各环节之间的信息不对称问题,通过大幅削减没有创造价值的中间流通环节,使生产商与最终用户距离更近,起到了资源节约、提质增效与节能降耗的作用。例如,小米手机创新的网络直销模式,省去了过去多层级的分销商,曾取得了4年增长200倍的惊人业绩。另一方面,经由先进数字技术改造提升的精准控制技术、资源配置技术等,大幅提升了能源资源利用效率,加快推动经济向环境友好型转变。例如,3D打印技术的逐渐成熟与推广应用,不仅大幅压缩了复杂构件设备的生产制造时间,而且从减材制造向增材制造的转型,可以节约耗材高达30%以上;通过智能控制和清洁生产技术可显著减少温室气体排放,应对全球气候变化。根据预测,到2030年,采用信息通信技术可减少20%的温室气体排放。此外,互联网、智能终端等的高度普及,让网络购物、共享出行等新模式市场渗透水平快速提升,催生了大量关心生态环境、对绿色产品具有现实购买意愿和购买力的绿色消费者。例如,2001—2015年,阿里平台上绿色消费者增长14倍,2015年规模超过6 500万人,绿色消费者数量占比则从3.4%提高至16.2%。相比传统商务,2015年,网络零售因节省能耗与物耗而减少排放约3 000万吨二氧化碳,相当于新增鄱阳湖面积大小的森林。

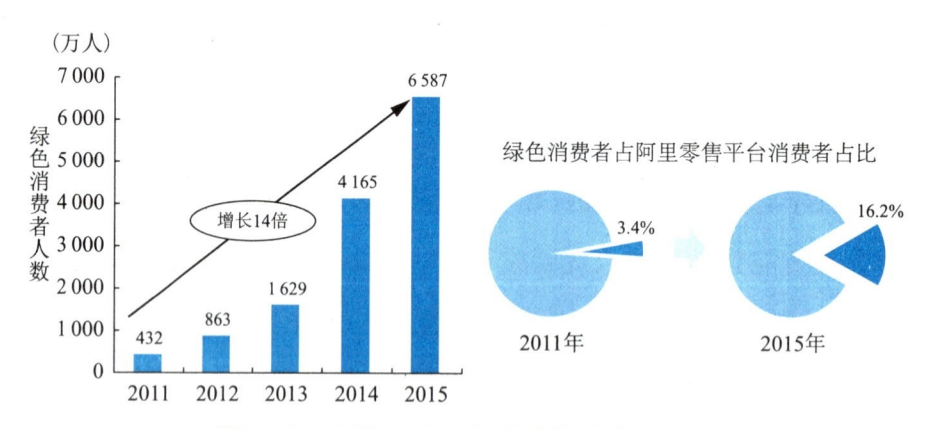

图 2-30 阿里平台绿色消费者增速与占比

资料来源:阿里研究院:《2016年度中国绿色消费者报告》。

第三章　中国数字经济发展的机遇和挑战

数字经济是正在兴起的新一轮科技革命与产业变革的核心。新的科技与产业变革是中国缩小与发达国家差距,实现由追赶向并跑甚至领跑转变的战略机遇。但另一方面,中国在数字经济发展方面仍然存在着一些问题和不足,对数字经济进一步做大做强也形成了制约和挑战。

第一节　中国数字经济发展面临的机遇

一、新一轮工业革命带来经济主导权交替

近年来,以大数据、云计算、物联网、移动互联网、人工智能、虚拟现实等为代表的新一代数字技术的创新和产业化应用速度加快,

应用领域持续扩大,影响不断加深。当前以互联网等新技术所推动的变革普遍被认为是新一轮的产业革命。从英国工业革命以来的200多年里,世界科技进步都由欧、美、日等发达国家所引导,从而使发达国家一直掌握世界经济的主导权。世界经济发展的历史表明,每一次新技术和新产业革命都是后发国家和地区实现赶超的战略机遇,如:19世纪第二次工业革命时期美国超过英国而成为世界经济霸主;20世纪信息技术革命时期德国、日本成为工业强国,甚至韩国及中国台湾地区在世界IT产业也占有一席之地。新技术革命是一种颠覆式的技术创新,之前技术积累的重要性下降,世界各国在新技术面前处于相近的起点(至少发达国家领先程度大幅度缩小),加之发展中国家没有发达国家在旧技术体系上沉淀的巨大投资,不容易受到路径依赖的锁定,因此目前正在兴起的数字经济给中国提供了取得经济主导权、掌握产业发展制高点的机遇。

二、双创蓬勃发展加速商业模式业态创新

2014年9月10日,夏季达沃斯论坛开幕式上李克强总理发出"大众创业、万众创新"的号召。2015—2016年,国务院先后发布《国务院办公厅关于发展众创空间推进大众创新创业的指导意见》(国办发〔2015〕9号)、《国务院关于大力推进大众创业万众创新若干政策措施的意见》(国发〔2015〕32号)、《国务院关于积极推进"互联网＋"行动的指导意见》(国发〔2015〕40号)、《国务院关于加快构建大众创业万众创新支撑平台的指导意见》(国发〔2015〕53号)、《国务院办公厅关于加快众创空间发展服务实体经济转型升级的指

导意见》(国办发〔2016〕7号)等促进双创的政策。"大众创业、万众创新"也被写入2015年、2016年《政府工作报告》和国家"十三五"规划纲要。"十三五"规划纲要用单独一章论述"大众创业、万众创新",提出"把大众创业万众创新融入发展各领域各环节,鼓励各类主体开发新技术、新产品、新业态、新模式,打造发展新引擎""打造一批'双创'示范基地和城市""全面推进众创众包众扶众筹"。地方政府也在积极跟进,据统计,到2015年年底,国务院陆续出台了20多项政策,地方政府出台了2 000多项相关配套政策。[①]可以说,大众创业、万众创新在中国如火如荼地发展起来。数字经济的发展为双创提供了平台和工具,而双创又会反过来推动数字经济的发展。第一,数字经济的技术创新很多是以数字形态存在的,如开源软件、产品的数字原型、创意设计等,计算机的普及、云计算的发展,使个人有条件发挥自己的专业技能,以众包众创等形式参与到技术和产品创新中去。第二,在数字经济条件下,商业模式、产业业态的创新非常活跃,商业模式、产业业态创新的门槛相对较低,更加有利于"大众创业、万众创新"。例如,依托于分享经济平台和智能终端,社会大众能够非常方便地分享自己的富余产品、技能、时间,形成了分享经济在国际金融危机之后的跨越式发展。第三,在数字经济条件下,许多产品和服务本身就是企业和用户共同创造的。企业提供的平台只是一个"核心产品",再加上大量用户以及其他企业的共同参与提供更多的产品和服务才能构成用户真正需要的"完整产品"。

---

① 《"双创"政策发力 中国初创企业数量增速称冠全球》,http://politics.people.com.cn/n1/2015/1216/c70731-27937557.html。

例如,淘宝只是提供了一个供需双方交易的平台,需要电商构建自己的网店来销售产品,甚至最终用户的评价也构成了对其他用户对店铺、产品进行了解的重要途径,也是"完整产品"的重要部分。由此可见,蓬勃发展的双创将对数字经济的发展起到巨大的推动作用,是数字经济发展不可缺少的主力军。

三、庞大人口规模和扩大消费的市场优势

数字经济是典型的互联网经济,而互联网经济具有网络效应特征。网络效应包括直接网络效应、间接网络效应、双边网络效应。在数字经济市场中,用户从商品或服务中获得的价值不仅取决于商品或服务本身,而且取决于使用同类商品/服务的用户数量(直接网络效应),该商品/服务互补品的丰富程度(间接网络效应),以及平台另一侧用户的数量(双边网络效应)。网络效应产生正反馈,拥有用户数量、互补品数量越多的企业对用户和互补品企业就越具有吸引力,也越容易成功。主导技术及标准的形成、行业领导企业的出现都受制于网络效应的发挥。因此,在网络效应市场中对用户的争夺亦即最早成为拥有大量用户的企业成为竞争成败的关键。而用户总量越大的市场,企业越容易建立用户基础,网络效应也就越容易发挥。中国是世界人口规模最大的国家,而且随着中国经济发展、人民收入水平的稳步提高,中国的市场容量也在不断增长。根据美国 Census Bureau 人口普查局报告,2016 年,全美社会消费品零售总额为 5.5 万亿美元,同比增长 3.3%。2016 年,中国社会消费品零售总额 332 316.3 亿元,折合 5 万亿美元,比上年名义增长

10.4%，实际增长 9.6%，中国的消费额已非常接近美国。

表 3-1　中国居民人均最终消费支出比较

年　　份	2010	2011	2012	2013	2014	2015	2016
中国（2010年不变价美元）	1 613	1 798	1 945	2 075	2 235	2 402	2 586
增速（%）	—	11.46	8.19	6.71	7.69	7.47	7.66
美国（2010年不变价美元）	32 980	33 475	33 711	33 965	34 682	35 526	—
增速（%）	—	1.50	0.70	0.75	2.11	2.43	—

数据来源：worldbank 数据库。

从表 3-1 可以看到，2015 年，中国居民人均最终消费支出 2 402 美元，而同期美国高达 35 526 美元，但中国居民人均最终消费支出的增速在 7% 以上，而美国只有 2%。这说明中国居民消费支出的增长速度快，且增长空间巨大。中国的数字经济基础设施较为完善，手机等数字终端普及率高，物流配送体系发达，商业模式创新活跃，数字消费已经成为中国居民消费的亮点。

四、发达的电子商务引领制造业的数字化

如果说，在 10 年之前，以互联网为代表的信息技术还主要应用于消费和商业领域的话，如搜索、电子邮件、新闻推送、电子商务、在线游戏，制造业领域的数字经济规模非常有限，那么现在的互联网技术则已经扩大到产业领域，如智能制造、在线监测、智慧医疗等。当前，新一代信息技术的发展正在推动消费互联网、商业互联网向产业互联网转型。在 2013 年的汉诺威工业博览会上，德国工程院、

弗劳恩霍夫协会、西门子公司等德国学术界和产业界推出了"工业4.0",旨在建立一个信息物理系统(Cyber-phsics System,CPS),推动制造业的数字化、网络化和智能化。美国GE公司随后也提出与德国工业4.0内容非常接近的工业互联网概念。德国工业4.0、美国工业互联网的相继提出,意味着制造业将成为数字经济的新战场。

2015年,中国网销总额达到3.88万亿元,超越美国而成为全球第一大网络零售市场,并涌现出以阿里巴巴为代表的一批世界级电商平台。电子商务天生具有"在线化、数据化"的特征,电子商务平台能够降低买卖之间的信息不对称,从而吸引大量的生产者和消费者入驻,在交易的过程中产生海量的数据。电子商务大数据可以使市场需求信息快速传递给零售商、品牌商和生产者,建立起生产端与需求端的紧密连接,推动商业模式从B2C向C2B的转变。随着中国电子商务平台向全球范围的拓展——阿里巴巴的"速卖通"已经是俄罗斯、巴西等国的第一大电商平台,中国制造企业还可以获得全球范围内的消费者数据,从而更好地参与全球竞争。为了适应终端用户更加个性化的需求,生产企业通过价值链各环节的信息化改造,建立更加柔性化的供应链系统和生产制造系统。①由于中国用户多、交易量大,电商平台为了支撑自身业务的发展,还形成了世界领先的云计算、大数据。相比之下,中国的制造企业由于对大数据重要性的认识和利用相对滞后,在大数据、人工智能等技术上与

---

① 游五洋:《电子商务催生中国版工业4.0》,http://www.siilu.com/20150317/127783.shtml。

电商平台存在较大差距。因此,电商平台的云计算、大数据技术可以帮助制造企业进行信息化改造和提升。例如,阿里云开发了ET工业大脑,在帮助制造企业提高生产线良品率、改善服务质量等方面发挥了重要作用。

五、丰富的应用场景支撑制造业的数字化

经过30多年的发展,中国的R&D强度已达到2.1%,超过发达国家平均水平,专利、科技论文等科技产出也居于世界前列,中国制造业的创新能力得到大幅度提升。另一方面,近年来中国劳动力成本快速上涨、节能减排约束加剧,这就意味着中国制造业既有转型升级的压力,也有转型升级的能力。而转型升级的一个重要方面就是对生产线、装备等进行数字化改造。中国制造业规模位居世界第一,已建立起由原材料能源工业、装备工业、消费品工业、国防科技工业、电子信息产业等组成的门类齐全的工业体系,主要制成品产量居世界前列。按照联合国工业发展组织(UNIDO)的数据,在制造业22个大类产业中,中国有8个产业的增加值居世界第一位,10个产业的增加值居世界第二位,3个产业的增加值居世界第三位。考虑到中国制造业产品的价格和附加值率较低,因此如果以实物量来衡量,中国制造业在世界中的地位就更为可观。例如,2012年,在世界同类产品总产量中,中国粗钢产量已占46.3%,煤炭产量占到一半,水泥产量占60%以上,化纤产量占70%;汽车产量占25%;造船完工量占到41%。相比之下,美国等发达国家由于长期离岸外包,国内产业经济出现空心化,产业体系已不完备,特别是许

多产业缺少加工制造环节和相应的产业配套。虽然国际金融危机后美国等国大力促进制造业回归,实施再制造业化战略,但要想重建与中国匹敌的制造业基础尚需时日。为抢占工业互联网的控制权,GE和西门子分别发布了Predix、Mind Sphere等工业互联网操作系统平台。中国巨大的制造业规模、齐全的产业门类、完善的产业配套体系为数字经济在制造业领域的发展提供了巨大的市场需求和丰富的应用场景,不仅有利于中国相关数字化装备和系统集成及工业互联网企业的发展,而且有助于中国在工业互联网操作系统、技术标准方面获得更多话语权,甚至形成中国自己主导的国际标准。

第二节 中国数字经济发展面临的挑战

继2016年G20集团峰会在中国的倡议下签署《二十国集团数字经济发展与合作倡议》,2017年的《政府工作报告》提出"推动'互联网＋'深入发展、促进数字经济加快成长,让企业广泛受益、群众普遍受惠"。这是中国官方首次使用数字经济概念,并将其视为未来一段时期推动中国经济保持稳定增长的新动力来源。然而,中国数字经济发展仍面临如下巨大挑战:

一、数字经济技术与发达国家相比存在差距

数字经济的发展需要以软件和硬件设备为支撑。但如同许多

传统领域一样,我国在数字经济相关核心元器件、关键设备上仍然严重依赖进口,"缺芯少屏"问题非常突出。例如,我国国内企业在大规模集成电路、高精度的传感器、机器人关键部件等领域的技术水平与发达国家相比仍存较大差距,需要大量进口。2016年,我国集成电路进口额高达2 271亿美元,出口613.8亿美元,贸易逆差1 657亿美元。一旦发达国家对我国进行出口限制,不但我国制造业将面临供应链中断的风险,我国数字经济也将因此而受到影响。同时,我国操作系统、数据库、中间件等基础软件以及计算机辅助设计与仿真、制造执行系统、企业资源管理系统、产品全生命周期管理系统、高端分布式控制系统等核心工业软件也高度对外依赖。PC操作系统上受制于微软,作为数字经济最重要终端的手机操作系统仍然是国外公司苹果与谷歌二分天下,金融、互联网领域依赖IBM的服务器、Oracle的数据库软件、EMC存储设备的问题非常突出。

二、企业缺乏数字经济意识

我国典型的"二元"经济结构在数字经济领域表现为在地区之间、企业之间的发展不平衡。我国存在大量信息化水平很低的企业,这些企业不仅没有实现网络化、数据化,甚至还有一些企业还处于"刀耕火种"的手工生产阶段;不仅缺乏信息化系统,更重要的是企业管理理念陈旧,缺乏信息化、数字化的意识和互联网思维方式,对数字经济的发展前景和深刻影响认识不足。一些企业宁愿投入巨资建渠道、做广告,也不愿意投资数字化设备和数字化系统。随着数字经济的深入推进,数字经济意识淡薄、数字化投资不足的负面影响将会显现。

三、数字经济人才供给不足

数字经济的持续健康发展,关键要有充足的人才、资金等要素支撑。但目前我国适应数字经济发展人才需求的教育配套改革迫在眉睫,在数字技术与融合技术研发、应用等领域的人才缺口日益扩大,资金供给水平也有待提升。根据教育部、人社部和工信部联合发布的《制造业人才发展规划指南》预测,至2025年,我国新一代信息技术产业人才缺口将达950万人,高档数控机床和机器人领域人才缺口将达450万人。

四、基础设施发展总体滞后

信息通信基础设施是数字经济发展的物质基础,尽管整体上中国的互联网、移动互联网基础设施和用户数增加很快,但与国际对比来看仍显发展滞后,"数字鸿沟"依然十分严重。2015年,中国每百万人安全因特网服务器数量只有10.1台,而世界平均水平是208.4台,美国为1 652.6台;中国因特网使用人数占人口比重为50.3%,仅略高于世界平均水平,但是与美日欧等发达国家仍存20个百分点以上的差距;中国每百人移动电话用户数为92.2,低于世界98.3的平均水平,与美、日、欧等发达国家存在20个百分点以上的差距。

表 3-2　数字经济基础设施比较(2015 年)

	因特网使用人数占人口比重(%)	每百人移动电话订户	每百万人安全因特网服务器
世界	43.9	98.3	208.4
OECD 成员国	76.9	115.4	1 087.9
美国	74.5	117.6	1 652.6
欧盟	79.5	121.3	965.3
德国	87.6	116.7	1 756.8
日本	91.1	126.5	969.6
中国	50.3	92.2	10.1
最高	98.3（百慕大群岛）	324.4（澳门）	10 266.6（列支敦士登）

资料来源：worldbank 数据库。

五、顶层制度设计亟待完善

我国政府对数字经济一直坚持大力支持发展和在监管上包容审慎的态度。与传统产业相比，我国政府对数字经济发展的监管较松，一般是到数字经济的具体商业模式或业态发展到一定程度，暴露出一些较为严重的问题后才出台法规、政策予以规范，这就给数字经济提供了宽松的发展环境。另一方面，当新的信息技术逐渐成熟并表现出巨大发展潜力时，我国政府能够及时出台政策给予支持，如近几年国务院密集出台一批与互联网＋、大数据、人工智能等相关的政策。但是也要看到，我国面向数字经济领域的制度建设，如信息安全、知识产权保护、税收等政策领域也存在明显的不足，相关立法滞后于经济发展的需求,导致对数据和信息安全、消费者权益保护等监管不到位,线上线下政策不协调,跨境数字贸易规则亟待建立等诸多问题存在。

数字经济发展面临的法律政策约束大致可以分为两类:一类是数字经济的新产品、新模式不需要突破现有的法律政策,"法无禁止即可为",国家没有相关法律法规政策出台,数字经济也可以大力发展,甚至更好地促进数字经济发展;另一类是数字经济的新产品、新模式与现有的法律或政策相冲突,这种情况下如果制度建设跟不上就会限制新经济的发展。例如,在无人驾驶领域,美国有多个州已经立法允许无人驾驶汽车上路(此前多个州已允许无人驾驶汽车上路测试),2017年7月27日,美国众议院通又过了《自动驾驶法案》(Self Drive Act),为无人汽车的发展进一步扫除法律障碍。但我国还没有做出相应的法律调整,使无人驾驶汽车的实测和产业化面临较大的制约。为此,既需要尽快出台数字经济整体战略,建立社会共识,引导市场主体适应性调整和突破创新,又需要有针对性地设计和出台更加包容、开放、灵活的数字经济政策体系,以更好应对数字经济治理引发的多方面挑战。

六、社会公众的误解和质疑

数字经济在发挥丰富百姓生活、提高生产效率、促进经济增长等积极作用的同时,作为一种颠覆性技术也对既有产业产生冲击,从而受到社会公众的误解和质疑。

第一,近年来我国经济出现"脱实向虚"的趋势,实体经济增速下降,不少行业出现产能过剩、企业大面积亏损、僵尸企业等问题。许多人将互联网经济、数字经济与金融、房地产等一起归入虚拟经济的范畴,认为应该加以限制。

第二,近年来,电子商务出现爆发式增长,同时实体商业出现大量的店铺倒闭,有些人将实体商业的衰退归因于电子商务,将电子商务与实体店铺对立起来的观点大有人在。

第三,我国数字经济是在宽松的政策环境下实现高速发展的,随着数字经济规模的壮大,社会上有观点认为应该对数字经济实行更加严格的监管。例如,社会上一些人没有看到电商平台已经成为国家纳税的重要力量,而对小微企业进行税收优惠也是国家鼓励小微企业发展的重要举措,认为电商领域存在巨额逃税现象,应对电商企业加强税收征缴。由于近年来经济增速下滑、财政收入增长乏力,使这一观点被更多人接受。

第四,人工智能技术加快演进,应用领域不断扩大,不仅是制造业的自动化、智能化取代了大量的就业岗位,传统的一些高级白领工作如新闻撰写、金融分析、保险理赔等也开始被人工智能所取代。例如,台州制造业企业推进"机器换人"后,72.8%的企业一线工人减少10%以上。MIT教授布林约尔松认为,人类与机器自工业革命以来的赛跑已经进入棋盘的下半场,即已经从机器在造成失业的同时创造出更多就业岗位转变为绝对工作的减少。机器换人造成的失业可能会引发新的社会问题。[1]

---

[1] 参见[美]埃里克·布莱恩约弗森、安德鲁·麦卡菲:《第二次机器革命:数字化技术将如何改变我们的经济与社会》,中信出版社2016年版。

第五,一些积极采用数字进行生产线数字化改造、企业管理升级的企业,经营业绩并没有出现明显改善,甚至出现不少转型失败的案例。例如,作为工业 4.0 典范、位于德国东部德累斯顿市大众透明工厂于 2016 年 3 月 29 日停产。一些企业担心进行数字化的投资打了水漂,数字化转型的动力不足;而近几年经济增长速度下行,许多传统行业经营状况恶化,又使得企业缺乏资金推动数字经济转型。

第四章　中国数字经济的宏观战略

第一节　中国数字经济发展战略构想

"数字革命"对全球发展的影响仍处于初级阶段,随着数字技术的进步、融合与渗透,数字经济将成为全球经济发展的持久引擎。未来一段时间,中国要继续创造"数字红利",成为全球数字经济的领军者,需要以创新驱动、包容审慎为基本原则,从"强根基、构体系、促应用、育企业、建生态、善服务、优治理"七个方面着手,利用数字经济培育增长新动能、推进产业结构调整,不断延续中国经济奇迹。

一、夯实发展基础,消弭数字鸿沟

随着数字经济时代的到来,云网端已经取代"铁公基"基础设施

表 4-1　中国数字战略的分解

数字经济分层	战略重点
要素层	数据资源、资产的形成与保护 网络层的建设与普及
技术层	以"移、大、云、物、智"为代表的新一代信息技术体系与制造、材料等技术的融合
产业层	数字经济渗透产业体系推进各产业的变革与转型
企业层	推动大众创业、万众创新
生态层	企业、平台、人才等主体与网络的创新与转型
治理层	以协同治理为核心治理水平的提升

成为决定未来经济发展的关键因素,有助于消弭数字鸿沟。我国需要进一步完善新一代高速光纤网络建设,普及高速无线宽带,加快推进公众通信网、广播电视网、下一代互联网等之间的融合,全面实现城乡居民互联网普遍接入和有效普及。继续推进数据的开放、共享和利用,通过构建统一规范、互联互通、安全可控的国家数据开放体系,稳妥推进公共信息资源开放共享。鼓励和加快云计算的普及应用,通过云计算把计算资源、信息资源以更低的成本、更普及的方式渗透到社会每一个角度,使社会各个阶层、各个角度都有机会使用。此外,进一步普及智能终端及 APP 软件应用等。

二、构筑泛在融合的技术体系,强健数字创新筋骨

围绕"移、大、云、物、智"等热点难点,构建泛在融合、安全智能的先进数字技术体系。强化新一代互联网技术的研发、部署和商用,加强未来网络长期演进的战略布局和技术储备。发展云计算、

量子计算等为代表的先进计算技术,积极开展第五代移动通信(5G)为代表的通信技术的研发、标准制定和产业化布局,突破人工智能基础前沿领域的技术,带动集成电路、基础软件、核心元器件等薄弱环节实现根本性突破,在移动互联网、云计算、大数据、物联网等数字经济重要领域获得技术优势。推动技术融合创新突破,着力突破机器人、智能制造、能源互联网等交叉领域,带动群体性重大技术变革。

三、加快产业数字化变革进程,增强数字经济丰厚度

推进数字化与工业化深度融合,以智能制造为突破口,加快数字技术与制造技术、产品、装备融合创新,推广智能工厂和智能制造模式,深化互联网在制造领域的应用,积极培育众创设计、网络众包、个性化定制、服务型制造等新模式。支持运用互联网开展服务模式创新,通过建立技术服务、供应链金融、大数据分析等综合服务平台,提高生活性服务业、生产性服务业的数字化水平,提升服务业数字化供给能力。完善信息服务配套体系,实现农业生产流程智能化升级,提高农村经营网络化水平,建立农业全产业链信息服务体系。

四、丰富生态系统,以竞争释放创业创富潜能

破除行业壁垒和地方限制,引导中小微企业提升创新效率,打造富有活力和国际竞争力的数字经济企业群。鼓励线上线下融合发展,扶持互联网新业态与先进制造业、居民消费升级融合发展,支

持研发、生产、营销、配送、售后服务、支付、融资等互联网生态的繁衍，不断衍生新的运营模式，发挥互联网平台的生态优势。

五、培育一批在数字经济方面具有全球竞争力的企业

一批在数字经济方面具有全球竞争力的知名企业是建设互联网强国、数字经济强国的必备要素。美国之所以是互联网强国，正是因为拥有一大批具有全球竞争力的企业；德国、日本、韩国以及中国台湾地区之所以能在互联网经济时代拥有一席之地，也是因为它们的企业。国家战略必须由公共部门和私有部门，即这些企业来共同完成。一方面，中国在过去20年的互联网发展中，总体上采取了顺势而为、包容审慎的治理态度和市场化的政策导向，境外资本、民营资本、国有资本在互联网领域投入巨额投资，不但推动了中国互联网产业和经济的茁壮成长，更收获了一批初步具备全球竞争力的大型企业，如阿里巴巴、腾讯、百度等。未来10年，数字经济领域的中国企业不仅仅要在规模上实现更显著的成长，更要成为对于全人类、全社会原始创新和卓越贡献的企业。另一方面，发挥互联网平台的资源禀赋，进一步大力推进"大众创业、万众创新"，培育一批新的有全球竞争力的企业。按照"放宽准入、加强管理、优化服务"的思路，不断降低市场准入、缩短行政审批、放松行政监管等，促进"互联网＋创新创业"。

六、大力扶持小微企业和创业者

小微企业和创业者是数字经济的生力军，也是创新的重要源

泉。在继续实施好现有小微企业和创业支持政策的同时,可以聚焦以下几个方面谋求突破:

一是加大进一步简政放权力度,加快清理不必要的证照和资质、资格审批,为小微企业降门槛、除障碍。

二是加大税收支持。扩大小微企业界定范围,对符合条件的小微企业免征增值税、营业税,对小微企业从事国家鼓励类项目,进口自用且国内不能生产的先进设备,免征关税。

三是加大融资支持,采用业务补助、增量业务奖励等措施,引导担保、金融和外贸综合服务等机构为小微企业提供融资服务。鼓励银行业金融机构单列小微企业信贷计划,鼓励大银行设立服务小微企业专营机构。推动民间资本依法发起设立中小银行等金融机构取得实质性进展。

四是加大财政支持。对吸纳就业困难人员就业的小微企业,给予社会保险补贴。政府以购买服务等方式,为小微企业免费提供技能培训、市场开拓等服务。

五是加大中小企业专项资金对小微企业创业基地的支持,鼓励地方中小企业扶持资金将小微企业纳入支持范围。

六是加大服务业小微企业的信息系统建设,方便企业获得政策信息,运用大数据、云计算等技术提供有效服务。

七、借助于云计算提升政府治理能力

政府也是数字经济中的重要参与方。政府服务是传统的金字塔型的行政体系,各个国家都存在条条、块块在信息上的不对称或不匹配,行政效率受到影响。利用大数据、云计算和互联网,数字经济可以显著改善和提升金字塔型的政府机构的服务效率,拓宽政府服务范围和服务量。政府将提供无处不在的互联互通和个性化服务。基础设施,如停车位、路灯、垃圾桶、公园长椅等将相互联接,不仅为市民、游客、企业以及城市有关部门提供无处不在的互联互通,同时将帮助获取、传输和分析相关信息,提供基于这些数据的个性化体验。更重要的是,通过"宽带中国战略",城市和农村都将被高速宽带和移动互联网所覆盖,未来 10 年,越来越多的中国公民可以享受到政府提供的普遍公共服务,公共服务均等化进程有望提早实现,同时,中国公民也可以通过相关平台和渠道向政府反馈信息,帮助政府完善和优化公共服务供给,这将显著消除城乡、东西部地区之间存在的数据鸿沟。

八、建立包容审慎的政府监管体系

加快培育壮大新产业、新业态和新模式,探索既要有必要的"安全阀"和"红线"又能包容创新发展的审慎监管体制机制,使新动能健康成长。在新兴经济领域贯彻更加包容和鼓励创新的治理理念,建立公平开放的市场准入制度,健全信用约束机制,完善风险管控体系,构建多方参与的治理体系。倡导"动态式""温和式""预警式"监管,按照已形成规模、影响力较大的新产业、新业态的特点和发展趋势量身定做监管制度。充分借助于"互联网+"、大数据和信息共享开展协同监管和综合执法,建立联合惩戒约束机制,完善部门间、区域间监管信息共享和职能衔接机制,提高监管水平。

第二节　中国数字经济的治理原则

一个国家对数字经济的治理原则,是其总体上采取一种约束性的、中性的,还是鼓励性的态度和政策。数字经济有着广阔的发展前途,未来中国应该构建一种更具鼓励性、开放性、包容性的治理体系,总的目标是激活蕴藏在各类市场竞争主体内部的庞大能动性、创新力和创造力,让劳动、知识、技术、管理、资本的活力竞相迸发,让创造社会财富的源泉在数字经济领域充分涌流,让数字经济成为一道驱动中国经济转型升级的亮丽风景线。

一、市场决定,政府促进

过去 20 多年间,中国对于互联网、对于数字经济的总体治理原则是顺势而为、因势利导的,政府在网络开放、基础设施建设、企业成长、网络安全等方面做了大量基础性工作,市场机制在中国数字经济孕育、成长和壮大过程中发挥了决定性作用,市场化投资、企业家精神的作用得以彰显。无为则无不为。正是这种市场和政府作用有机结合的发展模式,才造就了今天中国数字经济位居总体上全球前列、在部分领域全球领先的结果。未来,中国要进一步贯彻十八届三中全会确定的"发挥市场在资源配置中的决定性作用和更好发挥政府作用"的基本原则和精神,既发挥好政府在促进有效竞争、优化市场秩序、弥补市场失灵、促进体制改革和创新等方面的基础性作用,更要发挥好市场在资本投入、技术创新、商业模式创新、市场推广和国际化、产业竞争力提高等方面的决定性作用。尤其是,数字经济是一种不同于传统工业经济的新经济,政府治理的思维模式需要进行调整。中国的数字经济政策总体上要宽松、开放、鼓励、共享,促进国内和全球范围内的资本、人才、技术、科研力量在数字经济领域的集聚和产生化学反应,让中国成为全球数字经济创新和发展的高地。

二、激励相容,主体公平

机制设计理论中"激励相容"是指:在市场经济中,每个理性经济人都会有自利的一面,其个人行为会按自利的规则行为行动;如果能有一种制度安排,使行为人追求个人利益的行为,正好与企业实现集体价值最大化的目标相吻合,这一制度安排就是"激励相容"。改革开放之所以能够成功,其增量改革的基本特征恰好符合了现代机制设计理论中的激励相容原则,几乎每个人、单位、地方政府和中央政府都能从改革中受益。同样如此,数字经济是新经济,数字经济发展是国民经济增量改革的重要组成部分。不同所有制的资本和企业,都能够发挥各自重要的作用,资本、劳动、知识、技术、管理都各尽所能,实现各自的价值。比如,互联网和电信基础运营商之间的关系并非零和游戏,互联网和传统实体经济之间也不是非此即彼,人工智能和劳动就业更不是完全排斥的,实质上都是可以激励相容。联通的混合所有制改革正说明了这一点。在互联网技术原理上,所有 IP 地址都是平等的;在数字经济时代,所有利益主体也应该是平等的、公平的,数字经济的治理规则应该探索一种制度安排,发挥所有利益主体的能动性和创造力。

三、开放包容,促进创新

创新是互联网技术、数字经济的精髓,没有创新,互联网、数字经济就失去了生命力。1965 年,英特尔创始人之一的戈登·摩尔观察到,积体电路上可容纳的晶体管数目,约每隔两年便会增加 1 倍;而每隔 18 个月,芯片的性能提高 1 倍。这被称为"摩尔定律",它对全球半导体行业的进步作出了贡献,并驱动了一系列科技创新、社会改革、生产效率的提高和经济增长。个人电脑、因特网、智能手机、工业互联网等技术改善和创新都离不开摩尔定律的延续。开放包容则是数字经济持续不断创新的源泉,封闭则完全不利于互联网、数字经济的创新和发展。从 1994 年中国教育与科研示范网络实现与 Internet 的全功能连接开始,中国互联网和数字经济就在开放包容的政策环境下飞速成长,门户网站、电子邮件、电子商务、宽带网络、4G 通信、移动支付、网络社交媒体、海淘、网络打车、共享经济、量子计算、3D 打印、无人驾驶、智能制造等新生事物,无一不是对传统行业游戏规则的颠覆,但也都在开放包容的政策下实现了良性发展。正如习近平主席所言:"中国开放的大门不能关上,也不会关上。"未来,数字经济领域的新技术创新、商业模式创新更会层出不穷,跨国数字贸易、数字金融方兴未艾,这更加需要政府政策遵循开放包容的治理态度。

四、数据安全，福利极大

人类社会的每一次技术进步和制度革新都显著地改善了人们的生存环境和消费体验，提高了全社会的福利水平。数字经济时代的到来更是如此，它不但可以推动传统实体经济与数字经济的融合发展，更可以以信息流带动技术流、资金流、人才流、物资流等资源的配置优化，促进全要素生产率提升，显著提升人们的总体社会福利水平。数字经济时代的核心资产不再是工业时代的煤炭石油、机器设备，而是数据。人与人、人与物、物与物的互联互通，导致数据量呈现爆发式增长；与此同时，数据安全、网络安全、消费者权益保护和知识产权保护，成为数字经济时代尤为重要的工作和挑战。未来，我们需要建立以数据为核心的数字经济治理体系，包括政府数据的互联互通和开放、数据资产的管理、数据安全保护、数据共享交易、数据纠纷处理等。这个体系的建立与完善将成为数字经济治理的重要内容。

参考文献

[1] 阿里研究院.数字经济 2.0 报告[R]. 2017.

[2] 阿里研究院,对外经济贸易大学.互联网时代的全球贸易新机遇——普惠贸易趋势[R]. 2015.

[3] 埃森哲管理咨询公司.中国消费者洞察:通信、媒体与高科技行业篇[R]. 2014.

[4] 波士顿咨询公司.迈向 2035:4 亿数字经济就业的未来[R/OL]. https://www.bcg.com. https://www.bcg.com. 2017 年 1 月.

[5] 陈玉和.我国信息要素与经济增长关系的区域差异性分析——基于中国 2001—2012 年 Panel Data 的经验分析[J]. 工业技术经济,2013(12):96-100.

[6] 茶洪旺,左鹏飞.互联网资源对中国经济增长的影响研究——基于 31 个省级面板数据的实证检验[J].经济研究参

考,2015(26):48-55.

[7] 滴滴政策研究院.2016企业公民报告[R/OL].https://www.didiglobal.com/,2017年1月.

[8] 滴滴政策研究院,2015—2016移动出行便民服务报告[R].https://www.didiglobal.com/,2016年.

[9] 董会,罗芳.互联网信息技术对湖北省经济增长的影响效应——基于内生经济增长模型的实证分析[J].科技和产业,2016,16(9):28-33.

[10] 国家知识产权局.《新一代信息技术产业专利技术动向分析报告(下)》[R],2016年第18期(总第208期).

[11] 刘世锦.中国经济开始触底与新增长动能[J].债券,2017(7):7-13.

[12] 马化腾等.数字经济:中国创新增长新动能[M].北京:中信出版集团,2017年.

[13] MGI.中国的数字化转型:互联网对生产力与增长的影响[R/OL].www.mckinsey.com/mgi.2014.

[14] OECD.衡量数字经济——一个新的视角[M].上海:上海远东出版社,2015年.

[15] 齐志强,康春鹏.中国经济增长来源实证研究——基于对细分的信息产业、资本投入、劳动投入与全要素生产率的分析[J].工业技术经济,2013(2):133-141.

[16] 秦海.通向发展转型之路:信息通信技术与经济社会长期发展演进[M].上海:上海远东出版社,2012年.

[17] 清科研究中心.2017年上半年中国股权投资市场回顾及展望[R]. 2017年.

[18] 腾讯研究院.2017中国"互联网＋"数字经济指数[R/OL]. 2017.

[19] 腾讯研究院.数字经济白皮书[R/OL]. 2017.

[20] 徐升华,毛小兵.信息产业对经济增长的贡献分析[J].管理世界,2004(8):75-80.

[21] 曾鸣,郭力,尼古拉斯·罗森鲍姆.智能商业:数据时代新范式[R/OL].http://www.hbrchina.org，2016.

[22] 张之光,于睿,史耀波.信息技术投资与中国经济增长:基于向量自回归模型的分析[J].系统工程,2014(5):75-81.

[23] 中国电子信息产业发展研究院.《2016中国大数据产业生态地图》[R]. 2016.

[24] 中国电子信息产业发展研究院.《2017中国大数据产业发展白皮书》[R]. 2016.

[25] 中国IT研究中心.2016年中国专车市场研究报告[R]. 2016.

[26] 中国互联网络信息中心(CNNIC).中国互联网络发展状况统计报告(第39次)[R]. 2017年1月.

[27] 中国互联网络信息中心(CNNIC).中国互联网络发展状况统计报告(第40次)[R]. 2017年8月.

[28] 中国人民大学.2016中国大学生创业报告[R]. 2017年1月.

[29] 中国信息化百人会课题组.信息经济崛起:重构世界经济新版图[M].北京:电子工业出版社,2015年.

[30] 中国信息通信研究院.中国数字经济发展白皮书(2017年)[R].2017年7月.

[31] 中国信息通信研究院.中国大数据发展调查报告(2017)[R].2017年3月.

[32] 钟玲玲,徐春燕,王战平.2002—2015年我国信息消费对经济增长促进作用的实证研究[J].情报科学,2016,V34(11):80-85.

[33] BCG. The Connected World The Digital Manifesto: How Companies and Countries Can Win in the Digital Economy [R/OL]. https://www.bcg.com. 2012.

[34] Manyika, J., Lund, S., et al. Digital Globalization: The New Era of Global Flows, European Commission, OECD SME Economic Contribution Facts and Figures [R/OL]. McKinsey Global Institute. March 2016.

[35] UK Government. Information Economy Strategy [R/OL]. https://www.gov.uk/.2013.

[36] United States Department of Commerce. Digital Economy [R/OL]. 2000.

[37] World Bank. World Development Report 2016: Digital Dividends[R/OL]. http://documents.worldbank.org, 2017.

后　记

此报告的研究工作启动于 2017 年春,完成于 2018 年夏,正值新产业革命浪潮方兴未艾,中国数字经济潮头初现之时。当时,围绕数字经济的讨论,国内外学界涌现出大量优秀的研究成果。我们课题组也积极参与到中国数字经济规模科学测度的大讨论中,做了一些工作。

概括地说,我们的努力集中在这样几个方面:较全面地考察了数字经济对中国经济社会各方面的影响,并基于中国数字经济发展阶段和特点设计统计指标进行阶段性预测;深入探讨中国数字经济发展机遇和挑战,提出中国数字经济发展的战略构想。有些构想,在当时而言,可谓是一个大胆的尝试。

报告的顺利完成,得到中国社会科学院工业经济研究所、中国科学技术发展战略研究院产业科技发展研究所、中国信息通信研究院政策与经济研究所和中国企业联合会等多家国家高端智库和研究机构专家及学者们的大力支持,谨此致谢!

报告是课题组成员精诚合作的结果,是集体智慧的结晶。各部分撰写分工如下:

第一章:朱焕焕;

第二章:蒋媛媛和杨帅;

第三章:李晓华;

第四章:陈志和冯立果;

另外,黄敏为本报告的数据搜集和统计做了大量工作,底晶对第二章的预测工作颇有贡献。

此报告相关系列成果曾先后在《中国社会科学报》、"澎湃新闻"等处发表,也得到国家发改委高技术司、国家统计局相关负责人的关注。现在以著作形式问世,既是对当时每周电话会议、头脑风暴、专家论证忙碌而充实工作的记录,也是对今后我们能更好开展数字经济领域研究工作的激励。当年的预测结果与官方预测高度吻合,趋势判断也与当下发展较为契合。作为数字经济研究的"抛砖"之作,希望本研究能为促进中国数字经济健康发展及其与实体经济全面融合贡献一份微薄之力。思虑不及之处,请方家不吝指正!

报告付梓得到上海社会科学院的资助,上海社会科学院出版社的编辑老师们也付出了辛勤工作,在此一并表示感谢!

蒋媛媛

于上海嘉定

2021 年 6 月 21 日

图书在版编目(CIP)数据

中国数字经济宏观影响力评估 / 蒋媛媛主编 .— 上海：上海社会科学院出版社，2021
（上海社会科学院决策咨询研究报告）
ISBN 978 - 7 - 5520 - 3603 - 9

Ⅰ．①中… Ⅱ．①蒋… Ⅲ．①信息经济—研究—中国 Ⅳ．①F492

中国版本图书馆 CIP 数据核字（2021）第 122057 号

中国数字经济宏观影响力评估

主　　编：蒋媛媛
出 品 人：佘　凌
责任编辑：董汉玲
封面设计：周清华
出版发行：上海社会科学院出版社
　　　　　　上海顺昌路 622 号　邮编 200025
　　　　　　电话总机 021 - 63315947　销售热线 021 - 53063735
　　　　　　http://www.sassp.cn　E-mail:sassp@sassp.cn
照　　排：南京理工出版信息技术有限公司
印　　刷：常熟市大宏印刷有限公司
开　　本：710 毫米×1010 毫米　1/16
印　　张：8.25
插　　页：2
字　　数：83 千字
版　　次：2021 年 7 月第 1 版　2021 年 7 月第 1 次印刷

ISBN 978 - 7 - 5520 - 3603 - 9/F · 666　　　　　　　　　　定价:58.00 元

版权所有　翻印必究